SKATINGLAND Schweiz

Offizieller Routenführer

1 Rhein Skate
2 Rhône Skate
3 Mittelland Skate

Skatingland Schweiz

Herausgegeben von der Stiftung SchweizMobil

Impressum

Verlag	© 2008 Werd Verlag AG, Zürich
Herausgeberin	Stiftung SchweizMobil, c/o Schweizer Tourismus-Verband, 3001 Bern
Projektleitung, Autor	Clemens Wäger, Wäger & Partner GmbH, 9001 St.Gallen
Konzept und Gestaltung	Wäger & Partner GmbH, 8501 Frauenfeld und 9001 St. Gallen
Routenplanung	Markus Brunner / Clemens Wäger / Lukas Stadtherr
Grafik und Layout	Stéphanie Mast
Bilder Routen	Markus Brunner / Clemens Wäger / Stéphanie Mast
	verschiedene Tourismusregionen / Christof Sonderegger
Fotos Tourismus	Verschiedene Tourismusorganisationen
Imagefotos Skating	Nordica-Rollerblade AG, Stans
	Mario Gaccioli, Kreuzlingen
Druck	Bodan AG Druckerei und Verlag, 8280 Kreuzlingen
ISBN	978-3-85932-584-5
	www.werdverlag.ch

Inhalt

Übersicht der nationalen und regionalen Routen

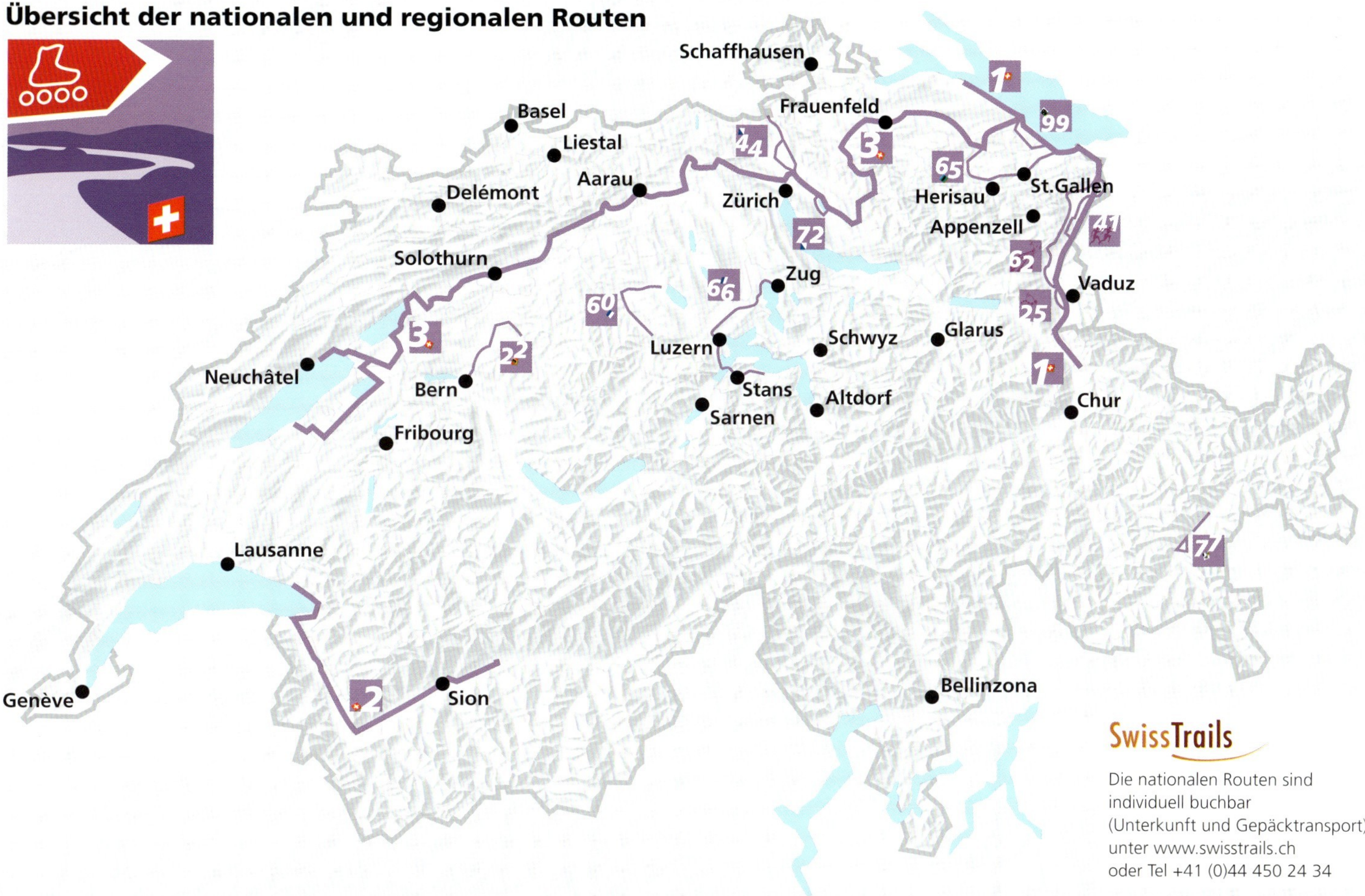

SwissTrails

Die nationalen Routen sind
individuell buchbar
(Unterkunft und Gepäcktransport)
unter www.swisstrails.ch
oder Tel +41 (0)44 450 24 34

Die Routen in Zahlen

Name		Länge	Etappenziele	Länge	Höhendifferenz	Schwierigkeitsgrad
1	Rhein Skate	125 km	Landquart – Buchs	31 km	30 Höhenmeter	leicht–mittel
			Buchs – St. Margrethen	40 km	20 Höhenmeter	leicht–mittel
			St. Margrethen – Romanshorn	32 km	60 Höhenmeter	leicht–mittel
			Romanshorn – Kreuzlingen	22 km	70 Höhenmeter	leicht–mittel
2	Rhône Skate	101 km	Sierre – Martigny	46 km	40 Höhenmeter	leicht–mittel
			Martigny – Aigle	27 km	60 Höhenmeter	mittel
			Aigle – Vevey	28 km	90 Höhenmeter	mittel
3	Mittelland Skate	391 km	Romanshorn – Weinfelden	33 km	180 Höhenmeter	mittel
			Weinfelden – Winterthur	42 km	170 Höhenmeter	mittel
			Winterthur – Uster	37 km	290 Höhenmeter	mittel–schwer
			Uster – Kloten	22 km	60 Höhenmeter	leicht–mittel
			Kloten – Brugg	42 km	190 Höhenmeter	mittel
			Brugg – Olten	47 km	260 Höhenmeter	schwer
			Olten – Solothurn	42 km	130 Höhenmeter	mittel
			Solothurn – Biel	33 km	80 Höhenmeter	mittel
			Biel – Ins	28 km	100 Höhenmeter	mittel
			Ins – Neuchâtel	17 km	50 Höhenmeter	leicht
			Ins – Avenches	24 km	60 Höhenmeter	leicht–mittel
			Avenches – Estavayer-le-Lac	24 km	130 Höhenmeter	mittel

Regionale Routen siehe unter www.skatingland.ch

Aktiv die Schweiz erleben

Die Schweiz ist ein Naturparadies für Aktive – und mit SchweizMobil können Sie die schönsten Touren in der Schweiz entdecken. Sie führen durch alle Landesteile und passen für jeden Geschmack.

Informieren Sie sich im Internet über die Routen, die Anreise mit dem öffentlichen Verkehr, die Etappenziele und Gasthäuser, die Routenführer oder über die buchbaren Angebote.

Geniessen Sie die Schweiz auf attraktiven Wegen.

SchweizMobil

Wanderland Schweiz

Durch weite Wälder, tiefe Täler, über aussichtsreiche Kreten und hinter den Horizont: SchweizMobil hat aus dem weltberühmten Wanderwegnetz der Schweiz die schönsten Routen gepickt, insgesamt 6300 Wanderkilometer – the very best of Switzerland.

Veloland Schweiz

Es gibt die Velowanderer, die es gern gemütlich nehmen. Und die Sportler, die ihr Limit suchen. Ob beschaulich oder rasant, stunden- oder tagelang: Die 8500 Velokilometer von SchweizMobil sind abwechslungsreich genug für jeden Geschmack.

Mountainbikeland Schweiz

Die Stollen greifen, die Schwerkraft spielt, die Muskeln brennen und die Natur präsentiert sich immer wieder von neuem: überraschend, überwältigend, grossartig. Für die grenzenlose Freiheit empfiehlt SchweizMobil 3300 Mountainbike-Kilometer vom Feinsten.

Skatingland Schweiz

Der beschwingte Tanz auf Rollen geht weiter, immer weiter um malerische Seen, entlang angenehm abfallender Flussufer und über endlose Ebenen. Das sind die 1000 Skatingkilometer von SchweizMobil zum Geniessen.

Kanuland Schweiz

Das Leben ist im Fluss, ganz besonders bei einer Fahrt mit dem Kanu oder dem Raft auf einem der herrlichen Wasserläufe. Für den Aufbruch zu neuen Ufern rät SchweizMobil zu 330 Kanukilometern auf idyllischen Flüssen und pittoresken Seen.

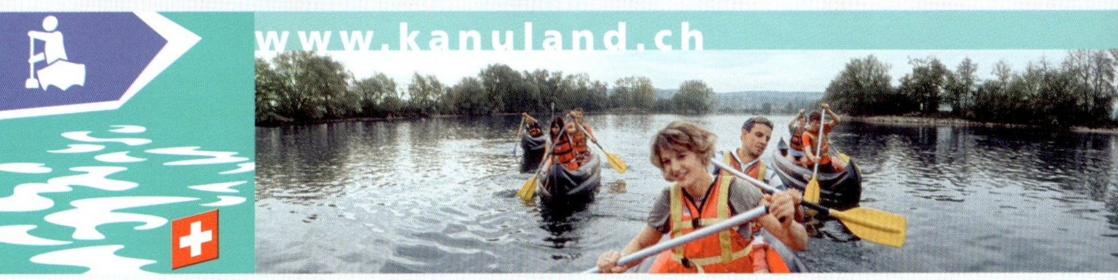

Editorial

Nur Fliegen ist schöner! Gedanken zum vorliegenden Buch

Rollen anschnallen und abdüsen! Das leise Sirren der Rollen auf perfektem Asphalt, den Fahrtwind im Haar und das unbeschreibliche Gefühl, über den Horizont zu schweben, so, als wäre es wie Fliegen! Das ist der Traum aller aktiven Menschen, die jemals auf den acht Rollen gestanden und von diesem Virus gepackt worden sind.

Kein Trend mehr | Skaten ist in der Schweiz schon längst kein Trendsport mehr. Spätestens nach der Expo.02 und der Revision der Verkehrsregelverordnung (VRV) sind in der Schweiz die Rahmenbedingungen rund um das Skaten so gut, dass man erfreut feststellen kann: Skaten ist etabliert und ein fester Bestandteil der langsamen, motorlosen Mobilität geworden. Tausende frönen im Sommer Wochenende für Wochenende entlang den Ufern von Schweizer Seen und Flüssen ihrem Hobby. Auch an den slowUp-Veranstaltungen in der ganzen Schweiz fühlen sich skatende Familien sehr wohl und rollen flanierend auf den Rundkursen und den für den motorisierten Verkehr gesperrten Strecken. Fazit: Die Skater nehmen ihre Möglichkeiten wahr und nutzen die idealen topografischen Verhältnisse und Veranstaltungen in vielen Regionen der Schweiz.

Dank SchweizMobil und den Skate Maps Schweiz perfekte Rahmenbedingungen | Im Rahmen des nationalen Projekts SchweizMobil sind in den letzten Jahren über 1000 km offizielle Skatewege quer durch die Schweiz signalisiert worden. Im vorliegenden Buch sind die drei nationalen Routen Rhein, Mittelland und Rhône, mit einer Gesamtlänge von über 600 km signalisierten Wegen, beschrieben. Da alle Routen nach einheitlichen Normen signalisiert sind, stützt sich das vorliegende Buch nicht auf Karten, sondern führt über die detaillierten Beschreibungen der Strecke mit genauen Kilometerangaben und Informationen zu Etappenorten, idealen Tagestouren und Freizeitangeboten. Pate für das nationale Projekt standen die seit mehreren Jahren im Werd Verlag erscheinenden Skate Maps Schweiz und die Skate Lines Schweiz.

Strecken für alle Bedürfnisse | Ergänzt wird der Routenführer mit wichtigen Informationen wie Schwierigkeitsgrad, Infrastruktur für Kinder, Spielplätze, Restaurants, Anbindung an den öffentlichen Verkehr, touristische Highlights entlang der Strecke und vielem mehr. Eine ausführliche Legende bildet den praktischen Wegweiser für unbeschwerte, erholsame Touren. Viele Fotos direkt von der Strecke ergänzen die Beurteilung der Routen von zu Hause aus. Mit der übersichtlichen Darstellung und den kurz gehaltenen Beschreibungen ist die Nutzung des Routenführers aber auch im Gelände einfach möglich – ein ideales Instrument für die Ausflugsplanung für aktive Menschen und Familien.

Sicherheit und Recht | Damit die Freude am Skaten aber keine unnötigen Dämpfer erleidet, sind im Kapitel «Sicherheit und Recht» die gesetzlichen Grundlagen und die wichtigsten Verhaltensregeln beschrieben, wie sie in der Verkehrsregelverordnung festgehalten sind. Eine wichtige Empfehlung: Tragen Sie immer eine komplette Schutzausrüstung, damit die Verletzungsrisiken möglichst minimiert werden.

Nun wünschen wir allen Lesern und aktiven Skatern viel Spass mit abwechslungsreichen Ausflügen auf den drei nationalen Routen.

Die Projektleitung – www.skatingland.ch

Wir heissen Sie willkommen

Viele Hotels, Campingplätze, Privatzimmer, Jugendherbergen und Bauernhöfe haben das Qualitätslabel der Stiftung SchweizMobil erhalten. Sie haben sich verpflichtet, auf die Wünsche der Skatenden in besonderem Masse einzugehen:

- Übernachtung auch für eine Nacht
- Wasch- und Trocknungsmöglichkeiten für Kleidung und Ausrüstung
- Bade-/Duschmöglichkeit im Zimmer oder im Betrieb
- Auskünfte über Angebote im Skatingland Schweiz
- Abgabe von Prospekten zum lokalen touristischen Angebot

Skatingfreundliche Betriebe sind im Führer «Übernachten» (Werd Verlag) mit den wichtigsten Leistungsmerkmalen vorgestellt.

Dieser Führer ist im Buchhandel, über www.werdverlag.ch oder www.veloland.ch erhältlich.

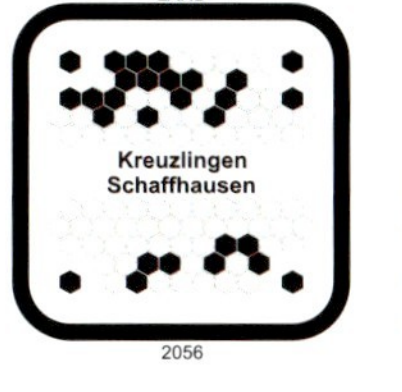

Die skatingfreundlichen Betriebe können Sie mit BeeTagg auch über Ihr Mobiltelefon abfragen. Siehe auch folgende Seite.

Skatingfreundliche Betriebe erkennen Sie am Qualitätslabel SchweizMobil.

In der Schweiz kann Wasser von öffentlichen Brunnen bedenkenlos getrunken werden; wenn nicht, warnt Sie ein entsprechendes Schild.

Informationen über Ihr Mobiltelefon

Mobile Tagging mit BeeTagg liefert Ihnen Informationen auf Ihr Mobiltelefon. Mit der Kamera des Mobiltelefons lesen Sie den BeeTagg-Code ein und rufen damit über das Internet Service-Informationen zu den Etappen ab. Dies sind insbesondere aktuelle Informationen zum Übernachtungsangebot, das Sie zudem auf einer kleinen Karte lokalisieren können. Die Kosten einer Abfrage richten sich nach den Tarifen Ihres Providers für den Datentransfer.

Für diesen Service benötigen Sie ein Mobiltelefon mit Kamera (Liste der kompatiblen Mobiltelefone unter www.beetagg.com) und den kostenlosen «BeeTagg-Reader».

Wenn der BeeTagg-Reader noch nicht auf Ihrem Mobiltelefon verfügbar ist, müssen Sie ihn einmalig installieren. Das ist einfach und geht schnell:

Schritt 1:
Senden Sie eine SMS mit Text «bee» an 989
oder surfen Sie mit Ihrem Handy auf
«http://get.beetagg.com».

Schritt 2:
Folgen Sie den Anweisungen, um den
BeeTagg-Reader zu installieren.

Schritt 3:
Starten Sie den BeeTagg-Reader und lesen
den gewünschten BeeTagg mit der Kamera ein.

Die Wegweiser von SchweizMobil

Die Wegweiser sind in der Schweiz nach Farben geordnet: Rot steht je nach Mobilitätspiktogramm für Velo-, Mountainbike- oder Skatingrouten und Gelb für Wanderwege.
Auf den Wegweisern sind die Routen von SchweizMobil mit einem einheitlichen System von Routenfeldern mit Nummern gekennzeichnet. Einstellige Nummern stehen für nationale Routen, zweistellige für regionale und dreistellige für lokale Routen. Die Routenfelder sind für das Wandern grün, für das Velofahren hellblau, für das Mountainbiken ocker und für das Skaten violett. Diese Farben werden auch für die Darstellung der Routen z.B. auf Informationstafeln oder im Internet genutzt.

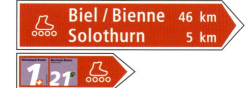

Biel / Bienne 46 km
Solothurn 5 km

Fehlen Wegweiser oder sind sie beschädigt, nutzen Sie bitte unser Feedback-Formular unter www.skatingland.ch. Wir danken Ihnen für die Unterstützung.

Achtung, aus der roten und gelben Wegweisung kann kein erhöhter Haftungsanspruch abgeleitet werden.

In der Schweiz sind Skatingrouten oft gemeinsam mit Velorouten signalisiert. Gegenseitige Rücksichtnahme ist eine gute Voraussetzung für die gemeinsame Wegbenützung.

Verkehrsregelverordnung, Sicherheit und Recht

Verboten ist das Skaten auf Strassen mit Mittelstreifen, auf gelben Radstreifen oder roten Radwegen und das Fahren in Gegenrichtung, wenn Radwege nur einseitig befahrbar sind.

Die gesetzlichen Regeln

Nach Verkehrsregelverordnung (VRV) sind Skates sogenannte «fahrzeugähnliche Geräte». Skater gelten als Fussgänger. Das Gesetz unterscheidet zwischen der Verwendung von Skates als Verkehrsmittel entlang von Strassen und der Verwendung zum Spielen auf einer eng begrenzten Fläche. Wie beim Velo dürfen Kinder im vorschulpflichtigen Alter Verkehrsflächen nur in Begleitung Erwachsener benützen.

Wo ist Skaten erlaubt?

- Auf offiziell signalisierten Skatewegen.
- Auf für Fussgänger bestimmten Verkehrsflächen.
- Auf Radwegen.
- In «Tempo 30»-Zonen und Begegnungszonen.
- Auf der Fahrbahn von Nebenstrassen, wenn entlang der Strasse Trottoirs sowie Fuss- und Radwege fehlen und das Verkehrsaufkommen zum Zeitpunkt der Benutzung gering ist.

Wo ist Skaten verboten?

- Auf Hauptstrassen.
- Auf signalisierten gelben Radstreifen.
- Auf Flächen, die für Fussgänger verboten sind.
- Auf Flächen, die für fahrzeugähnliche Geräte verboten sind.

So verhalten Sie sich korrekt

- Grundsätzlich gelten die für Fussgänger anwendbaren Verkehrsregeln.
- Auf Fussgänger ist Rücksicht zu nehmen und ihnen der Vortritt zu lassen.
- Rechts fahren, falls die Fahrbahn benutzt wird.
- Auf Radwegen muss die für Radfahrer geltende Fahrtrichtung eingehalten werden.

Vortrittsrecht

Auf Fussgängerstreifen haben Skater wie Fussgänger Vortritt vor Fahrzeugen. Es darf jedoch vom Vortrittsrecht kein Gebrauch gemacht werden, wenn das Fahrzeug so nah ist, dass es nicht mehr anhalten kann. Immer einen Sicherheitsstopp einlegen und beim Überqueren der Fahrbahn Schritttempo fahren.

Obligatorische Ausrüstung

Wer nachts oder bei schlechter Sicht unterwegs ist, muss sich oder seine Skates vorne mit einem «weiss» und hinten mit einem «rot» leuchtenden, gut erkennbaren Licht ausrüsten.

Bussen

Verstösse gegen die Verkehrsregeln werden mit Bussen zwischen CHF 10.– und CHF 30.– geahndet.

Tempo anpassen

Geschwindigkeit und Fahrweise müssen den Umständen der jeweiligen Umgebung angepasst werden. Es sollte immer vorausschauend und in kontrolliertem Tempo gefahren werden.

Zur Ihrer Sicherheit

Tragen Sie immer eine komplette Schutzausrüstung bestehend aus Helm sowie Handgelenk-, Ellbogen- und Knieschonern. Kontrollieren Sie regelmässig, ob Ihr Bremsgummi noch genügend Profil aufweist.

Öffentlicher Verkehr – Bahn, Bus und Schiff

Der öffentliche Verkehr erschliesst das Skatingland im Taktfahrplan. Nutzen Sie diesen Vorteil:

1. zur Anreise an den Ausgangsort und zur Heimreise
2. zur Abwechslung. Kombinieren Sie eine Skatingtour mit einem Schiffsausflug
3. zum Überwinden grösserer Höhendifferenzen
4. zum Überwinden wenig attraktiver Strecken

Für die Punkte 2 bis 4 hat SchweizMobil für Sie Vorschläge zur Nutzung des öffentlichen Verkehrs gemacht und diese nummeriert. Im Skatingland stehen diese Nummern auf einem lila Feld und sind mit dem Signet der jeweiligen Transportmittel kombiniert, zum Beispiel mit dem Symbol für einen Zug.

767

In diesem Routenführer finden Sie diese Signete bei den Routenbeschreibungen zu den Etappen. Alle dazugehörenden Fahrpläne und Reservationsnummern finden Sie unter www.skatingland.ch (siehe Abbildung).

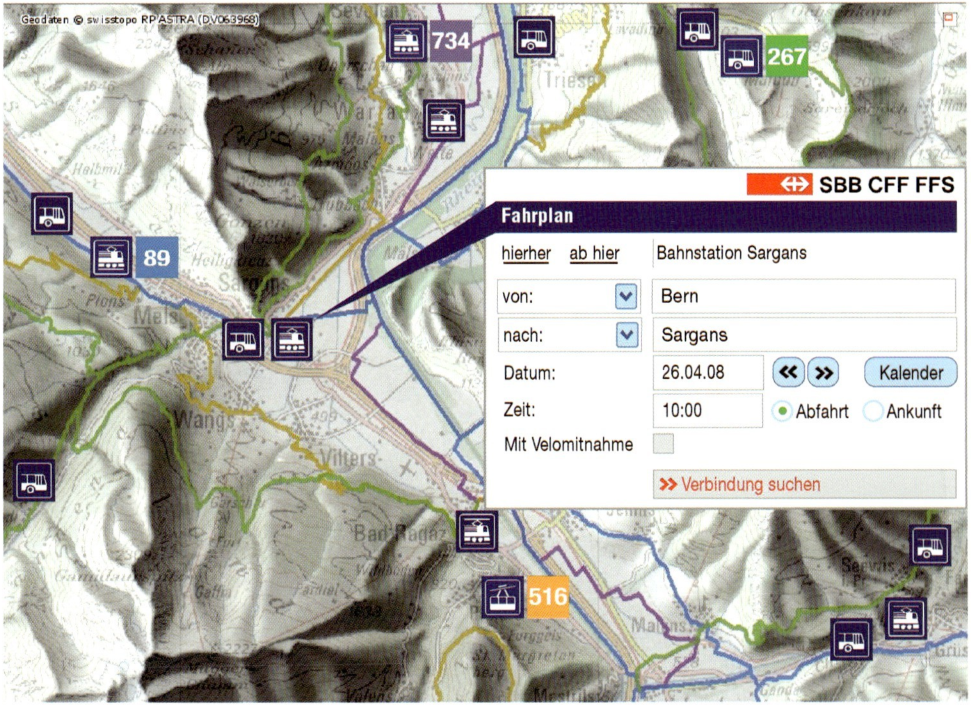

Geodaten © swisstopo RP ASTRA (DV063968)
734
267
89
516
Sargans
Wangs
Vilters
Bad Ragaz
SBB CFF FFS
Fahrplan
hierher
ab hier
Bahnstation Sargans
von:
Bern
nach:
Sargans
Datum:
26.04.08
Kalender
Zeit:
10:00
Abfahrt
Ankunft
Mit Velomitnahme
Verbindung suchen

slowUp – Der autofreie Erlebnistag im Veloland Schweiz

Das slowUp-Rezept ist so einfach wie überzeugend: Man nehme rund 30 km Strasse in einer attraktiven Landschaft, sperre diese Strassen einen Tag für den motorisierten Verkehr und sorge für ein vielseitiges Rahmenprogramm entlang der Strecke. Daraus wird ein Fest, anders als alle anderen: Jung und Alt, Gruppen und Familien, Genussmenschen und Bewegungsmenschen, verliebte Pärchen und einsame Herzen geniessen die fröhliche Stimmung im autofreien Ambiente.
Aus der Idee ist eine nationale Event-Serie geworden, eine der grössten, was die Zahl der aktiv Teilnehmenden betrifft. Gegen 500 000 Personen nehmen jährlich teil.

Die aktuellen Veranstaltungsorte und -daten finden Sie auf www.slowup.ch.

Perfekte Wege und ideale Verknüpfung mit dem öffentlichen Verkehr in der Region Oberer Bodensee

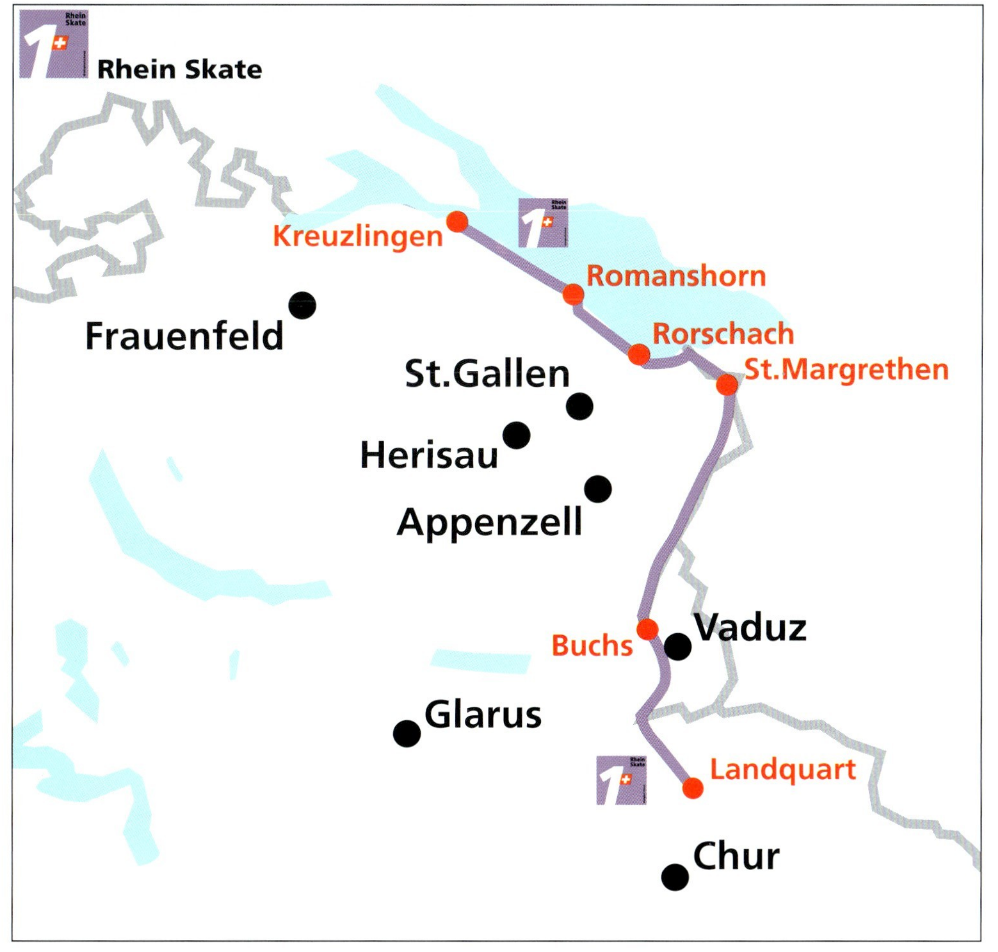

Ostschweiz Tourismus
CH-9001 St. Gallen

info@ostschweiz.ch
www.ostschweiz.ch

Ferienregion Heidiland
Städtchenstrasse 43
CH-7320 Sargans
Tel +41 (0)81 720 08 20
Fax +41 (0)81 720 08 28
info@heidiland.com
www.heidiland.com

Thurgau Tourismus
Egelmoosstrasse 1
Postfach 1123
CH-8580 Amriswil
Tel +41 (0)71 414 11 44
Fax +41 (0)71 414 11 45
info@thurgau-tourismus.ch
www.thurgau-tourismus.ch

Route 1 Rhein Skate

Der Rhein Skate – an der Wiege der nationalen Skatebewegung | Der Rhein Skate zwischen Landquart, Heidiland und Kreuzlingen ist die meistgenutzte Skatestrecke der Schweiz. Die einfache Topografie und die konsequente Trennung vom motorisierten Verkehr erlauben auch Familien mit Kindern ein uneingeschränktes Skatevergnügen. Die Pisten des Rhein Skate sind längst legendär. Als noch niemand so recht wusste, was Skates überhaupt sind, wurden die ersten Inliner auf dem Rheindamm und entlang dem Bodensee mit neugierigen Blicken beobachtet.

Das Rheintal, die Freilichtarena für Inliner | Entlang dem Alpenrhein liegt für Skater die grösste Freilichtarena der Schweiz! Auf dem Rheindamm, entlang den Binnenkanälen oder durch die Dörfer und Städtchen schlägt das Skater-Herz etwas schneller. Trotz unterschiedlicher Charaktere weisen alle skatebaren Wege des gesamten Tales eine Gemeinsamkeit auf: ideale Voraussetzungen und Wegqualitäten für Inliner, so weit das Auge reicht! Kein Wunder, begegnen Hobbyskater auch trainierenden Weltklasseteams, die lautlos und in faszinierender Harmonie über den Asphalt fliegen. Keine andere Grossregion der Schweiz bietet eine so perfekte Infrastruktur in dieser Grösse wie Heidiland, das Rheintal, Werdenberg, das Fürstentum Liechtenstein und die Bodenseeregion.

Skater's Paradise Thurgau-Bodensee | Vor einigen Jahren wurden im Kanton Thurgau im Rahmen des Projektes Skater's Paradise die ersten Skaterouten der Schweiz ausserhalb des Expo.02-HPM-Projektes signalisiert. Die «Rollenprobe» ist längst bestanden! Skater's Paradise kann bereits auf erfolgreiche Jahre zurückblicken. Gemessen am Interesse des Prospektes und den Rückfragen bei Thurgau Tourismus, müssen es bereits Tausende sein, welche der offiziellen Signalisation des «TKB Lake Trail» und des «TKB Apple Trail» zwischen Konstanz und Rorschach und im klassischen «Mostindien» in der Region Oberer Bodensee gefolgt sind. Beide «Trails» sind heute integrierter Bestandteil der nationalen Route Rhein Skate. Der Thurgauer Kantonalbank, welche umfassende Marketingmassnahmen wesentlich mitfinanzierte, ist es zu verdanken, dass «Skater's Paradise» innert kurzer Zeit einen so hohen Bekanntheitsgrad erhalten hat.

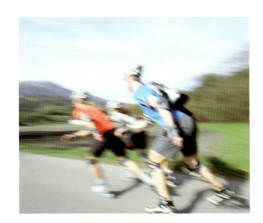

Bereits jetzt eine hohe touristische Wertschöpfung | Das hervorragend ausgebaute Radwegnetz hat entscheidend dazu beigetragen, dass der Thurgau und das St. Galler Rheintal zu den beliebtesten Ausflugszielen auch für Skater geworden sind. Namentlich die Strecken entlang dem Bodensee sind der Inbegriff von familienfreundlichen

Skatestrecken. Mit der frühen Signalisation der ersten Skaterouten ist es zudem gelungen, ein damals neues, innovatives Projekt zu starten, welches überregionale Beachtung fand. Das einst als Pilot gedachte Startprojekt ist für den Thurgau bereits zu einer Konstanten mit hoher touristischer Wertschöpfung geworden. Skatende Mütter, welche die Kinderwagen vor sich her schieben, vergnügte Kinder auf acht Rollen und sportlich ehrgeizige Väter prägen zunehmend das Bild. Der Rhein Skate zwischen Landquart und Kreuzlingen ist sehr familienfreundlich angelegt. Die Route verläuft über rund 90% auf autofreien Wegen. Die topografisch sehr einfache Linienführung ist in die wunderbare voralpine Landschaft des Rheintals eingebettet und folgt dann dem touristisch hervorragend erschlossenen Bodenseeufer.

Netzwerk mit dem öffentlichen Verkehr | Zusammen mit der Regionalbahn THURBO AG wurde ein Netzwerk mit dem öffentlichen Verkehr aufgebaut. Der Rhein Skate führt an allen Bahnhöfen und Haltestationen vorbei, was ein distanzmässig sehr unbeschwertes Rollen für eher ungeübte Skater und Familien zulässt. Die durchwegs ebenerdigen Einstiege in die Gelenktriebwagen erlauben es zudem, mit den Skates an den Füssen in die Züge zu rollen. Für Einsteiger eignet sich der Abschnitt zwischen Arbon und Kreuzlingen besonders gut. Die Strecke liegt zwischen See und Eisenbahn. Alle paar Kilometer steht ein THURBO-Triebwagen im Halbstundentakt zur Verfügung.

Der «Motor» und Magnet slowUp | Jeweils im Frühling und am letzten Sonntag im August veranstalten die Region Werdenberg – Fürstentum Liechtenstein und die Region Euregio Bodensee ihre slowUps, die motorlosen Erlebnistage für die ganze Familie. Beide Events liegen direkt am Rhein Skate. Mit jährlich über 100 000 Teilnehmern gehört vor allem der Euregio Bodensee zu den wichtigsten Veranstaltungen seiner Art in der Schweiz und im benachbarten Ausland.

Liechtenstein Tourismus
Städtle 37
FL-9490 Vaduz
Tel +423 239 63 00
Fax +423 239 63 01
info@tourismus.li
www.tourismus.li

Wartau Tourismus
Postfach
CH-9478 Azmoos
Tel +41 (0)81 750 20 79
Fax +41 (0)81 750 20 55
tourismus@wartau.ch
www.tourismuswartau.ch

Tourist Info Werdenberg
Bahnhofplatz 2
CH-9471 Buchs
Tel +41 (0)81 740 05 40
Fax +41 (0)81 740 07 28
touristinfo@werdenberg.ch
www.werdenberg.ch

Verein St. Galler Rheintal
Alte Landstrasse 106
CH-9445 Rebstein
Tel +41 (0)71 722 95 52
Fax +41 (0)71 722 95 53
info@chancental.ch
www.chancental.ch

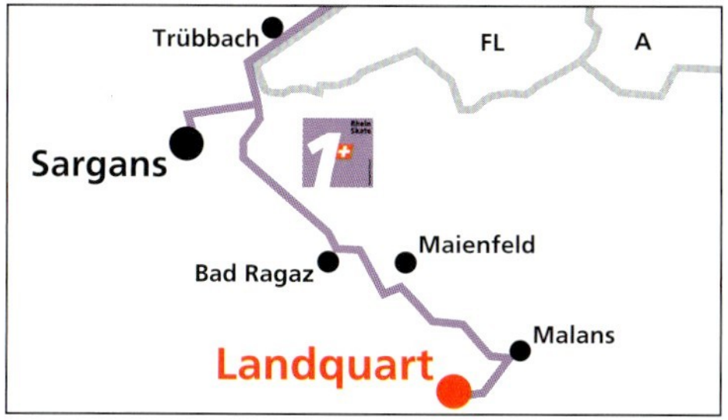

Trübbach
FL
A
Sargans
Maienfeld
Bad Ragaz
Malans
Landquart

Landquart–Trübbach: 20 km
Höhendifferenz: 30 Hm
Schwierigkeitsgrad: leicht–mittel

Sehenswürdigkeiten:
Heidiland | Bad Ragaz | Schloss Sargans | Wartau

Ferienregion Heidiland
CH-7320 Sargans
Tel +41 (0)81 720 08 20
info@heidiland.com
www.heidiland.com

Streckeninformation

LAND
Landquart
Buchs
124806

1 Rhein Skate
Entlang der typischen Reblandschaft der Bündner Herrschaft lohnt sich vor Bad Ragaz ein Abstecher in den bekannten «Heidi»-Ort Maienfeld. Anschliessend folgt der Weg ausschliesslich auf dem Rheindamm, an der historischen Brücke bei Sevelen vorbei bis nach Buchs.

↑	↓	
125.0 km	0.0 km	Bahnhof Landquart
122.9 km	2.1 km	Bahnhof Malans
120.0 km	5.0 km	
117.7 km	7.3 km	Bahnhof Maienfeld ❶

Touristinformation

❶ **Maienfeld (www.maienfeld.ch)** ist geprägt von der Heidigeschichte der Autorin Johanna Spyri (1827 bis 1901). Der kleine Heidiweg führt nach Rofels und Oberrofels (Heididörfli) und der grosse

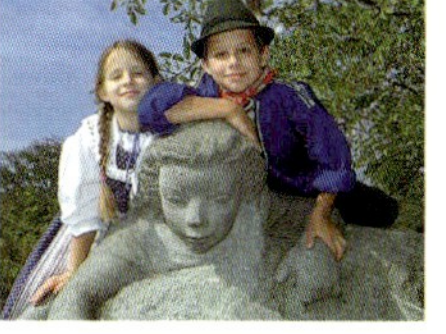

Heidiweg auf die Heidialp (Ochsenberg 1111 m ü. M.). Seit 1997 wird das Heididörfli nach der Heidigeschichte wieder hergestellt. 1998 konnte das Original-Heidihaus als lebendiges kleines Museum eröffnet werden. Im Dörfli hat es auch eine eigene Poststelle, den «Dorflada» mit Kulturstätte. Das historische Städtchen, die Geschichte, verschiedene Patrizierhäuser und das prachtvolle Schloss Salenegg (Privatbesitz, nicht zugänglich) sind sehenswert.

❷ **Bad Ragaz,** das heisst den Alltag hinter sich lassen und Entspannung in einer traumhaften Umgebung geniessen. Das vielfältige Wellnessangebot

Nur bei Trübbach ÖV-Anschluss in Streckennähe. Sehr einfache Strecke. Rucksack mit Schuhen empfehlenswert (Maienfeld Natursteinwege).

115.0 km	10.0 km		
114.7 km	10.3 km	Bad Ragaz ❷ Zoo ca. 400 m	
110.0 km	15.0 km		
108.4 km	16.6 km	Start Rheindamm	
107.9 km	17.1 km	Sargans Bahnhof ca. 3 km	
105.5 km	19.5 km	Bahnhof Trübbach	
105.0 km	20.0 km		

Start / Ziel 62 Föhn Skate.

Start / Ziel 62

mit Bädern, Massagen, Kosmetik, Sauna, Solarium usw. wird es einem leicht machen, sich zu entspannen, loszulassen und neue Kräfte zu tanken. Hauptattraktion ist denn auch die Tamina Therme, welche bei einer Temperatur von 34°C das ganze Jahr zum Badevergnügen einlädt. In einer etwa einstündigen Wanderung (Naturbelag!) erreicht man das alte Bad Pfäfers in der Taminaschlucht. Sehr sehenswert.

Das mittelalterliche Städtchen Sargans mit seinem markanten Schloss bietet seinen Besuchern viele versteckte Schätze. Das Schloss mit sehenswertem Museum, das Eisenbergwerk Gonzen, die Römervilla oder aber die vielen gemütlichen Gasthäuser laden zum Verweilen. Der Christkindlimarkt im Dezember oder die regelmässigen Jazzkonzerte im Ortskern sind legendär.

Wartau (www.wartau.ch), das beliebte Reiseziel, nördlich von Sargans gelegen, ist ein ideales Wander- und Feriengebiet, insbesondere auch für Familien. Wartau verfügt seit Kurzem über einen hochinteressanten Themenweg über die Geschichte der ganzen Region. Ausflüge auf den Alviergipfel, den Gonzen, den Tschuggen oder nach Palfries (auch mit dem Auto oder dem Mountainbike zu erreichen) belohnen mit sensationellen Aussichten.

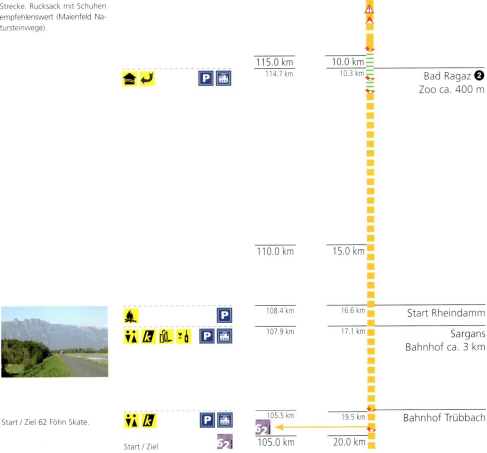

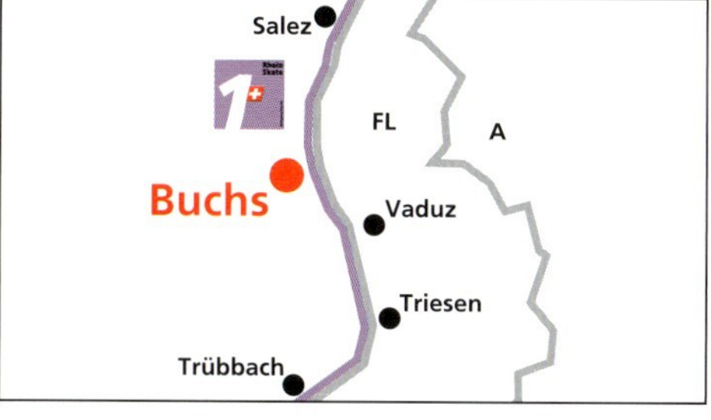

Trübbach–Salez: 20 km
Höhendifferenz: 30 Hm
Schwierigkeitsgrad: leicht

Sehenswürdigkeiten:
Schloss Werdenberg | Buchs | Vaduz

Streckeninformation

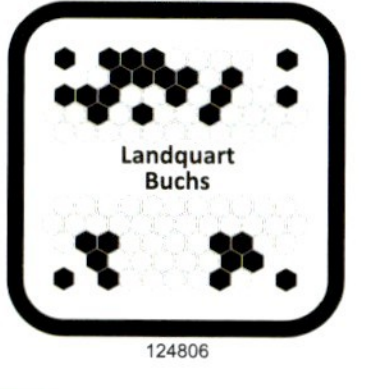

1 Rhein Skate
Lange Geraden auf dem leicht erhöhten Rheindamm, dem längsten «Sportgerät» der Welt. Auf dieser Etappe steht das Skaten «an sich» im Vordergrund. Genussvolles Über-den-Asphalt-Gleiten, den Wind in den Haaren und das leise Sirren der Rollen in den Ohren.

Verbindung zu 62 Föhn Skate.

Start / Ziel 25 Werdenberg Skate, läuft zum Teil mit dem 1 Rhein Skate auf derselben Strecke.

Anschluss Route

Tourist Info Werdenberg
CH-9471 Buchs
Tel +41 (0)81 740 05 40
info@werdenberg.ch | www.werdenberg.ch
Liechtenstein Tourismus
FL-9490 Vaduz
Tel +423 239 63 00
info@tourismus.li | www.tourismus.li

Touristinformation

Das **Schloss Werdenberg** war Stammsitz der Grafen von Werdenberg und liegt über dem gleichnamigen **historischen Städtchen** in der Gemeinde Grabs. Heute ist es als Museum (Wohnmuseum, St. Galler Kantonsgeschichte, Waffensammlung) saisonal öffentlich zugänglich. Einige seiner Räumlichkeiten werden für kulturelle Aktivitäten (Empfänge, Vorträge, Konzerte) vermietet. Erreichbar ist es ausschliesslich über einen Fussweg. Öffentliches Verkehrsmittel: Ab Bahnhof Buchs per Postauto. Geöffnet vom 1. April bis 31. Oktober.

❶ In der Region Werdenberg ist **Buchs (www.buchs-sg.ch)** Einkaufsmetropole, Hauptort, Bildungszentrum und bedeutender Verkehrsknotenpunkt zugleich. Die Bahnhofstrasse mit ihren zahlreichen Fachgeschäften und Boutiquen lädt zum Einkaufen ein. Buchs ist zudem Sitz der Interstaat-

Skatearena Rheintal Werdenberg
Im Rheintal zwischen Sargans und Au ist für Skatebegeisterte Europas grösstes zusammenhängendes Netz signalisierter Skatewege entstanden. Neben der nationalen Route «1 Rhein Skate» bildet diese zusammen mit dem «62 Föhn Skate», «25 Werdenberg Skate» und «41 Marathon Skate» eine in sich geschlossene Arena mit rund 200 km besten Wegen. Diese Routen sind ausführlich im Band Skatingland Schweiz, Highlights beschrieben. Mehr Infos zur Skatearena über www.werdenberg.ch.

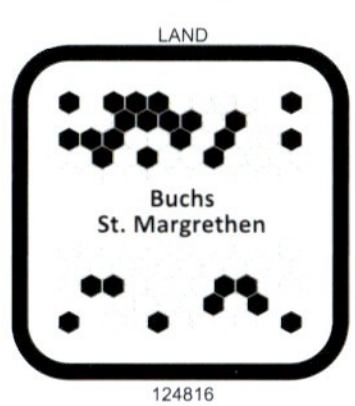

95.0 km	30.0 km		
93.4 km	31.6 km	Buchs 1	
Anschluss Route 62 25			
90.0 km	35.0 km		
88.4 km	36.6 km	Haag	Verbindung zum 25 Werdenberg Skate und 62 Föhn Skate.
85.7 km	39.3 km	Start / Ziel 25	Start / Ziel 25 Werdenberg Skate, läuft zum Teil mit dem 1 Rhein Skate auf derselben Strecke.
Start / Ziel Route 25			
85.0 km	40.0 km		

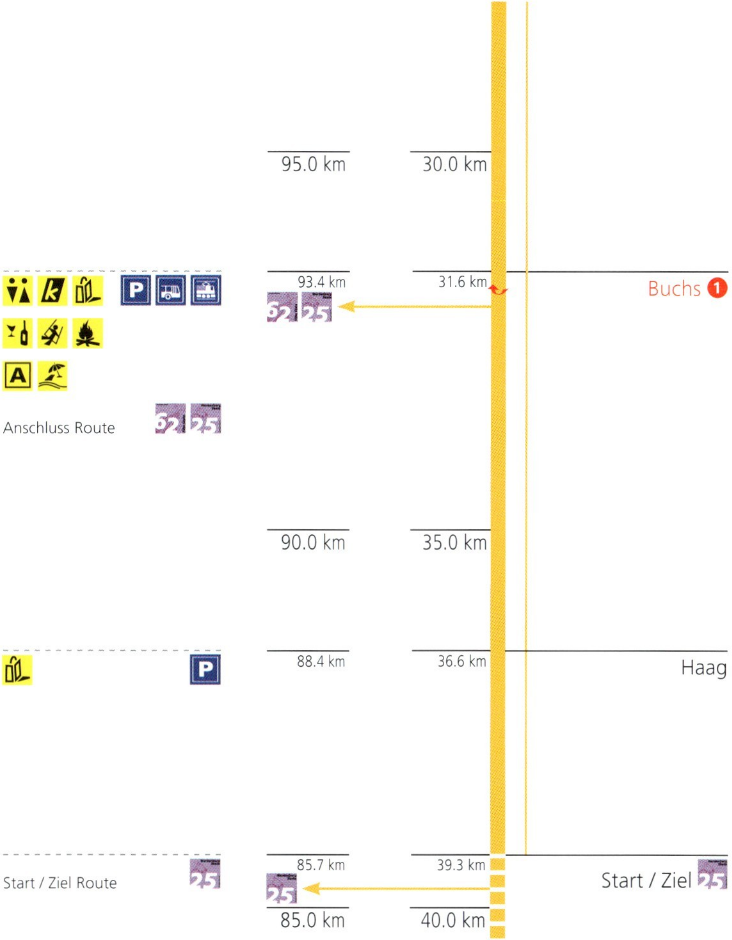

lichen Fachhochschule für Technik und das Berufsbildungszentrum der Region. Die Gemeinde trägt das Label «Energiestadt». Als Grenzort ist Buchs einer der wichtigsten Umschlagplätze der Ostschweiz. Im Mittelalter gehörte der Ort zur Grafschaft Werdenberg. 1517 erwarb der eidgenössische Stand Glarus das Werdenberg samt Wartau. Mit dem Untergang der alten Eidgenossenschaft im Jahre 1798 ging die Glarner Herrschaft zu Ende. 1803 kam das Werdenberg zum neugegründeten Kanton St. Gallen.

Ab Bahnhof Buchs lohnt sich mit dem Bus ein Ausflug ins benachbarte Fürstentum Liechtenstein, nach **Vaduz (www.vaduz.li)**. Der lebhafte Hauptort lädt zum Verweilen in den gemütlichen Strassencafés der Fussgängerzone ein und bietet eine Vielzahl kultureller Attraktionen. Ein Besuch des Kunstmuseums, des Post- und Briefmarkenmuseums, der privaten Kleingalerien oder auch des Skimuseums zeigt dem Besucher ein vielseitiges Gesicht des Landes. Vielfältig präsentiert sich auch das sportliche Angebot von Vaduz. Neben einem der grosszügigsten Freibäder der Region, einer Tennishalle, einem Squashcenter, Tennisplätzen inmitten idyllischer Waldlandschaft verfügt Vaduz über ein attraktives Fuss-, MTB- und Radwegnetz. Über dieses gelangt man zum Erholungszentrum Haberfeld und weiteren Naturschönheiten rund um Vaduz. Entlang dem Rhein bestehen auch für Skater sehr gute Verhältnisse.

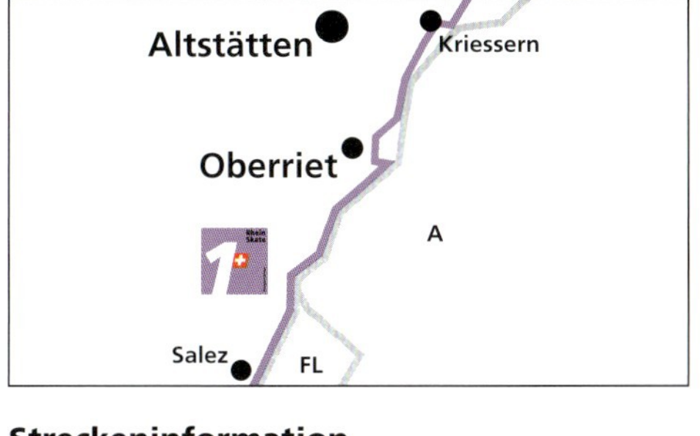

Salez–Kriessern: 20 km
Höhendifferenz: 20 Hm
Schwierigkeitsgrad: leicht

Sehenswürdigkeiten:
Kristallhöhle Kobelwald | Alpstein | Altstätten

Verein St. Galler Rheintal
ri.nova impulszentrum
CH-9445 Rebstein
Tel +41 (0)71 722 95 52
info@chancental.ch
www.chancental.ch

Streckeninformation

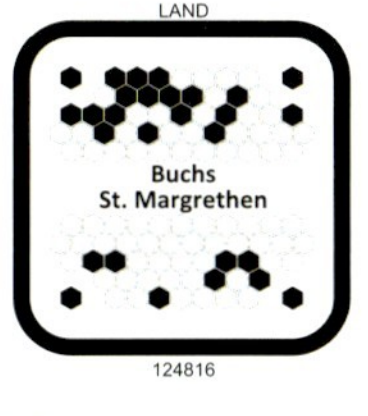

1 Rhein Skate
Lange Geraden auf dem leicht erhöhten Rheindamm, dem längsten «Sportgerät» der Welt. Auf dieser Etappe steht das Skaten «an sich» im Vordergrund. Genussvolles Über-den-Asphalt-Gleiten, den Wind in den Haaren und das leise Sirren der Rollen in den Ohren.

Der 62 Föhn Skate läuft kurz mit dem 1 Rhein Skate auf derselben Strecke.
Start / Ziel 41 Marathon Skate, läuft zum Teil mit dem 1 Rhein Skate auf derselben Strecke.

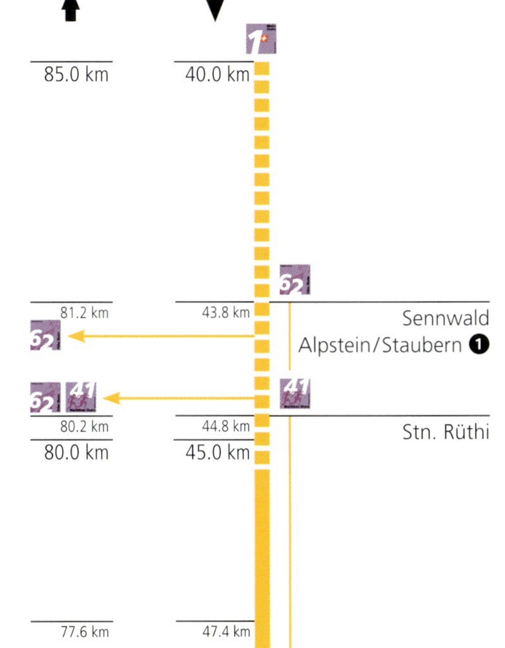

Touristinformation

1 Es hat zwar überhaupt nichts mit Skaten zu tun, lohnt sich aber allemal: ein Ausflug in den **Alpstein** auf die **Staubern-Kanzel (www.staubern.ch).** Ab Frümsen bringt die kleine Bergbahn die Gäste in gut zwanzig Minuten auf 1751 m ü. M. zum Berggasthaus Staubern. Die urchige Appenzellerküche ist ein Genuss und die Aussicht atemberaubend! Wer Höhenluft mag, ein absolutes Muss!

Ein «Geheimtipp» ist die **Kristallhöhle Kobelwald (www.kristallhoehle.ch)**. Sie liegt am Fusse des Kienbergs, eines östlichen Ausläufers des Alpsteins. Sie wurde 1682 von einem Jäger entdeckt und ist ein geschichtsträchtiges Zeugnis der geologischen Jahrtausende. Vor ungefähr 9 Millionen Jahren entstanden die Alpen. Dabei bildeten sich im Gestein Risse und Spalten, durch die Wasser

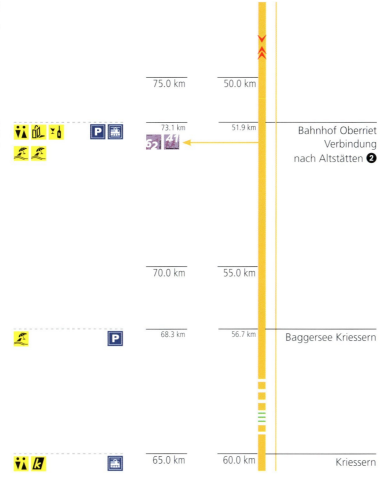

Nähere Anbindung an den ÖV nur in Oberriet möglich.
An warmen Nachmittagen starker Wind talaufwärts möglich!

75.0 km	50.0 km		
73.1 km	51.9 km	Bahnhof Oberriet Verbindung nach Altstätten ❷	Verbindung zum 62 Föhn Skate und 41 Marathon Skate, läuft zum Teil mit dem 1 Rhein Skate auf derselben Strecke.
70.0 km	55.0 km		
68.3 km	56.7 km	Baggersee Kriessern	
65.0 km	60.0 km	Kriessern	

eindringen konnte. In chemischen Reaktionen formten sich über viele Jahrtausende wunderbare Kristallformen wie Rhomboeder und Skaleoneder aus Calcit. Vor allem im hinteren Teil der Höhle findet man auch sehr schöne Stalaktiten und Stalagmiten (Tropfsteine). Öffnungszeiten: Von Ostern bis 31. Oktober an Sonn- und Feiertagen. Besuche an Wochentagen bedürfen einer Voranmeldung beim Höhlenwart (Tel. 071 761 19 77).

❷ **Altstätten (www.altstaetten.ch)** ist ein Ort mit gepflegter und gelebter Tradition und dies nicht nur an der «schaurig schönen» Fasnacht. Altstätten ist vor allem ein historischer Marktort mit Wochenmarkt. Die Altstätter Märkte sind bis heute ein Spiegelbild des öffentlichen Lebens geblieben. Auch im Zeitalter der Supermärkte erfüllen sie als Orte nicht nur des Einkaufens, sondern vor allem des Sichbegegnens eine wichtige Funktion. Eine Funktion, die sich einer stets grösseren Wertschätzung erfreut, was auch die Beliebtheit der Altstätter Märkte erklärt. Eine besondere Attraktion stellt der vor einigen Jahren ins Leben gerufene Nostalgiemarkt dar. Nostalgisch gekleidete Marktfahrer, aber auch Marktbesucher erfreuen die Gäste. Die Produkte, die an den wunderschön geschmückten Ständen verkauft werden, entsprechen ganz dem Angebot des vorigen Jahrhunderts und sind eine Augenweide.

Kriessern–Altenrhein: 20 km
Höhendifferenz: 20 Hm
Schwierigkeitsgrad: leicht–mittel

Sehenswürdigkeiten:
St. Margrethen | Rheineck | Fliegermuseum Altenrhein

St.Gallen-Bodensee Tourismus
Bahnhofplatz 1a
CH-9001 St.Gallen
Tel +41 (0)71 227 37 37
Fax +41 (0)71 227 37 67
info@st.gallen-bodensee.ch
www.st.gallen-bodensee.ch

Streckeninformation

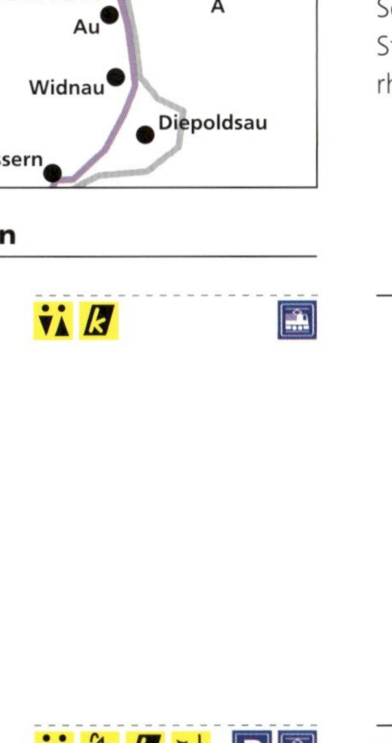

1 Rhein Skate
Lange Geraden auf dem leicht erhöhten Rheindamm, dem längsten «Sportgerät» der Welt. Auf dieser Etappe steht das Skaten «an sich» im Vordergrund. Genussvolles Über-den-Asphalt-Gleiten, den Wind in den Haaren und das leise Sirren der Rollen in den Ohren.

Start / Ziel 41 Marathon Skate, läuft zum Teil mit dem 1 Rhein Skate auf derselben Strecke.

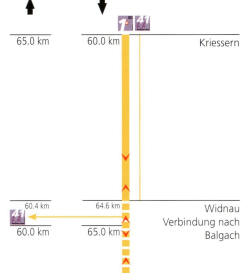

Touristinformation

1 **St. Margrethen (www.stmargrethen.ch)** war einst ein Dorf, das hauptsächlich von der Landwirtschaft, Forstwirtschaft und dem Weinbau lebte. Im Jahre 1858 wurde die Eisenbahnstrecke St. Margrethen–Chur eröffnet. Durch den Bahnanschluss um 1872 an Bregenz erlangte St. Margrethen internationale Bedeutung. Mit dem Bau der Autobahn N1 Anfang der Sechzigerjahre erhielt St. Margrethen den Anschluss an das europäische Strassennetz und wurde als bedeutender Güterumschlagplatz ein wichtiger Ort im internationalen Verkehr. Diese Entwicklung prägt seither das Dorf. Es gibt aber auch die Erholungsseite: St. Margrethen besitzt schon seit über 300 Jahren ein Mineralheilbad, das in der Bodenseeregion wegen der Heilwirkung des Wassers und der seltenen enthaltenen Substanzen bekannt ist. Sein heutiges Angebot an Bade- und Therapiemöglichkeiten, Saunen und Solarien zieht weit über die Grenzen hinaus Erholung suchende Menschen an.

Skatearena Rheintal Werdenberg
Im Rheintal zwischen Sargans und Au ist für Skatebegeisterte Europas grösstes zusammenhängendes Netz signalisierter Skatewege entstanden. Neben der nationalen Route «1 Rhein Skate» bildet diese zusammen mit dem «62 Föhn Skate», «25 Werdenberg Skate» und «41 Marathon Skate» eine in sich geschlossene Arena mit rund 200 km besten Wegen. Diese Routen sind ausführlich im Band Skatingland Schweiz, Highlights beschrieben. Mehr Infos zur Skatearena über www.werdenberg.ch.

Start / Ziel 62 Föhn Skate.

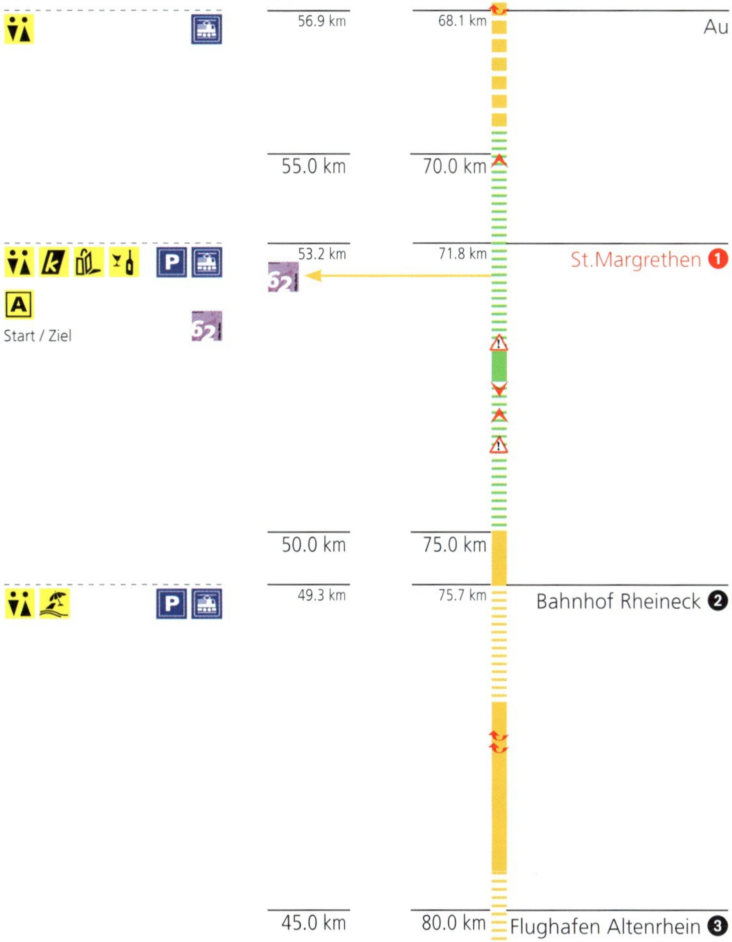

	56.9 km	68.1 km	Au
	55.0 km	70.0 km	
Start / Ziel	53.2 km	71.8 km	St.Margrethen ❶
	50.0 km	75.0 km	
	49.3 km	75.7 km	Bahnhof Rheineck ❷
	45.0 km	80.0 km	Flughafen Altenrhein ❸

❷ Das schöne Städtchen **Rheineck (www.rheineck.ch)** hat kulturhistorisch eine Menge zu bieten. So zeugen zahlreiche geschichtsträchtige Bauten von der lebhaften Vergangenheit der Ortschaft. Eine Städtliführung vermittelt eindrückliche Einblicke. Auf engstem Raum findet sich in Rheineck vieles, was das Leben der Region geprägt hat: die Spuren fremder Herren, die Auswirkungen der Lage am Fluss, die Eigenheiten eines Handels- und Textilzentrums mit seinem Nebeneinander von Reichtum und Armut und die Zeugnisse der erhaltenen Architektur – Verkehrswege, Gärten und Innenhöfe.

❸ **Das Fliegermuseum Altenrhein (www.fliegermuseum.ch)** ist Menschen und Maschinen gewidmet, die Geschichte an den Himmel schrieben. Ein Besuch im Museum, welches direkt beim internationalen Flugplatz Altenrhein liegt, lohnt sich allemal. Das Museum zeigt die Entwicklung des Flugplatzes St. Gallen-Altenrhein, der Firma Dornier, der FFA, der Fliegerei in der Ostschweiz und die Geschichte der Schweizer Luftwaffe. Als Mitglied des Vereins Fliegermuseum Altenrhein können Gäste als Passagier in allen Museumsmaschinen mitfliegen, darunter auch im legendären Hawker Hunter.

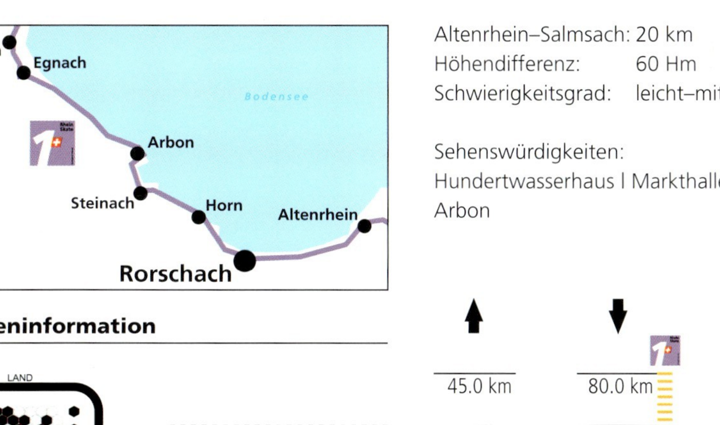

Altenrhein–Salmsach: 20 km
Höhendifferenz: 60 Hm
Schwierigkeitsgrad: leicht–mittel

Sehenswürdigkeiten:
Hundertwasserhaus | Markthalle Altenrhein | Arbon

Streckeninformation

LAND

St. Margrethen Romanshorn

124826

1 Rhein Skate
Rorschach ist ein SchweizMobil Knotenpunkt. In Rorschach Hafen kann das pulsierende Leben am See genossen werden. Den See entlang folgen in kurzen Abständen Strandbäder und Seerestaurants. In Arbon lohnt sich ein Besuch der Altstadt. An schönen Wochenenden ist der See extrem stark bevölkert. Gegenseitige Toleranz ist gefragt.

ÖV-Haltestellen in kurzer Folge direkt an der Strecke. Rorschach und den See entlang oft sehr viel Radverkehr. Vorsicht!

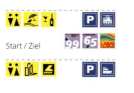

↑	↓	
45.0 km	80.0 km	
44.3 km	80.7 km	Fliegermuseum
44.0 km	81.0 km	Hundertwasserhaus ❶
43.4 km	81.6 km	
40.0 km	85.0 km	
39.8 km	85.2 km	Bahnhof Rorschach
		Start / Ziel
38.6 km	86.4 km	Rorschach Hafen «Kornhaus» ❷

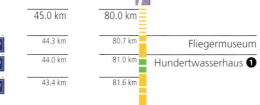

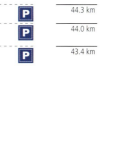

Touristinformation

St. Gallen-Bodensee Tourismus
CH-9001 St. Gallen
info@st.gallen-bodensee.ch
www.st.gallen-bodensee.ch
Thurgau Tourismus
CH-8580 Amriswil
info@thurgau-tourismus.ch
www.thurgau-tourismus.ch

❶ **Markthalle Altenrhein (www.markthalle-altenrhein.ch).** Vergoldete Zwiebeltürme, leuchtende Farben, geschwungene Linien, ungleiche Fenster, unebene Böden, bunte Keramiksäulen, schattige Wandelgänge und begrünte Dachflächen sind die Merkmale von Friedensreich Hundertwassers Architektur. In seiner Bauweise wollte er alle Gleichmacherei, Sterilität und Anonymität ausschalten. Sein Traum und sein Ziel war, dem Einzelnen eine menschengerechte Umgebung zu ermöglichen und gleichzeitig der Natur wieder zu ihrem Recht zu verhelfen. Wie viele andere berühmte

Start / Ziel 99 Bodensee Skate, 65 St. Gallen Skate und Lake Skate. Laufen zum Teil mit dem 1 Rhein Skate auf derselben Strecke.

Verbindung zum 99 Bodensee Skate und Apple Skate. Lake Skate läuft mit dem 1 Rhein Skate mit.

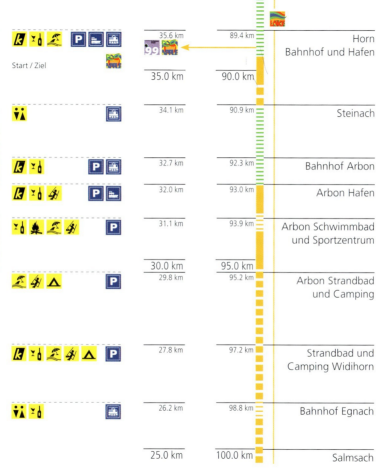

	35.6 km	89.4 km	Horn Bahnhof und Hafen
Start / Ziel			
	35.0 km	90.0 km	
	34.1 km	90.9 km	Steinach
	32.7 km	92.3 km	Bahnhof Arbon
	32.0 km	93.0 km	Arbon Hafen
	31.1 km	93.9 km	Arbon Schwimmbad und Sportzentrum
	30.0 km	95.0 km	
	29.8 km	95.2 km	Arbon Strandbad und Camping
	27.8 km	97.2 km	Strandbad und Camping Widihorn
	26.2 km	98.8 km	Bahnhof Egnach
	25.0 km	100.0 km	Salmsach

Bauten in Europa und Japan ist das Gebäude in Altenrhein ein eindrückliches Beispiel für die ungewöhnlichen Architekturkonzepte des international renommierten Künstlers.

❷ **Rorschach (www.rorschach.ch)** ist die sanktgallische Hafenstadt am Bodensee und ein Hauptzentrum von SchweizMobil. Hier führen verschiedene nationale und regionale Routen zusammen. Das ganze Jahr lockt die Rorschacher Seepromenade Leute von überall zu einem Spaziergang in die Hafenstadt. Meist verbinden sie ihren Ausflug mit einem Halt in einer der zahlreichen Gaststätten in Rorschach.

Vom See und vom Land her ist das Kornhaus nicht zu übersehen. Ja, es ist das eigentliche Wahrzeichen der Stadt Rorschach. Abt Coelestin von St. Gallen beauftragte 1746 den Baumeister Caspare Bagnato mit dem Bau eines neuen Kornhauses. 1749 wurde es bereits in Betrieb genommen. Heute befindet sich das Museum mit seinen sehenswerten Zeugnissen aus der Geschichte der Stadt und der Seelandschaften im Kornhaus.

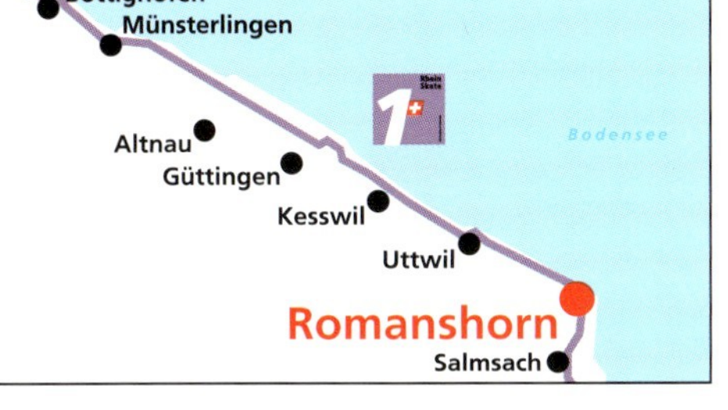

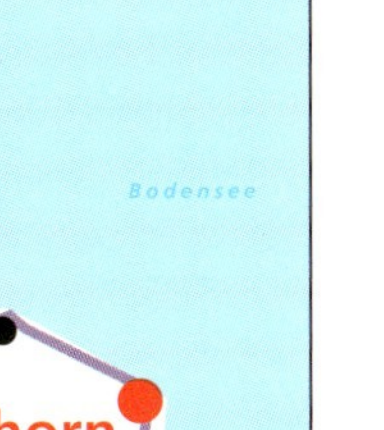

Salmsach–Kurzrickenbach: 20 km
Höhendifferenz: 70 Hm
Schwierigkeitsgrad: leicht

Sehenswürdigkeiten:
Romanshorn | slowUp | Obstlehrpfad | Skater's Paradise

Thurgau Tourismus
CH-8580 Amriswil
Tel +41 (0)71 414 11 44
info@thurgau-tourismus.ch
www.thurgau-tourismus.ch

Streckeninformation

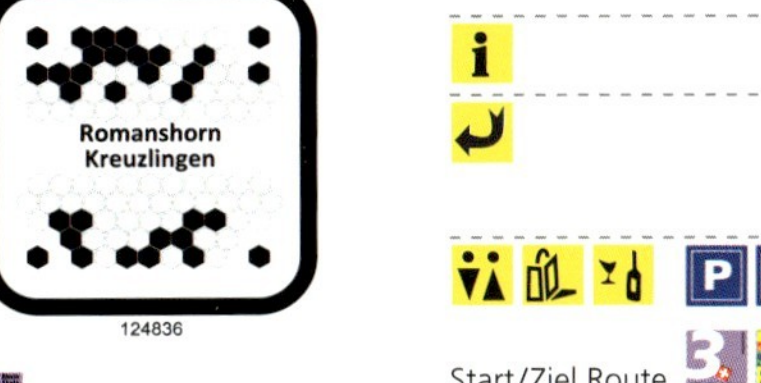

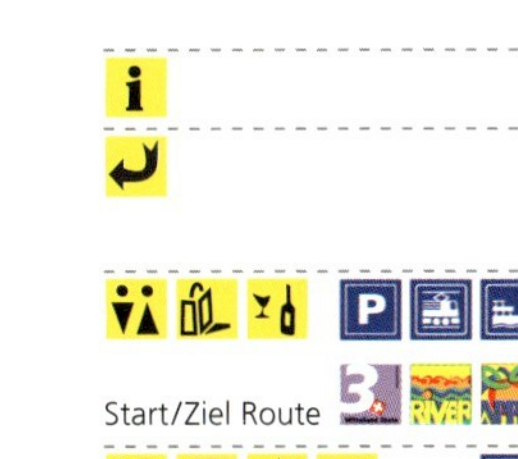

1 Rhein Skate
Auf dieser Etappe befinden sich gemütliche Seebadis und Gartenbeizli. Der Kurs ist immer in unmittelbarer Nähe von Bahnhaltestellen. Die Aussicht über den See ist stellenweise fantastisch. In Kreuzlingen lockt die offene Grenze für einen Abstecher nach Konstanz.

Start / Ziel 3 Mittelland Skate, River Skate und Apple Skate. Verbindung zum 99 Bodensee Skate.

↑	↓	
25.0 km	100.0 km	
24.8 km	100.2 km	Info Point Salmsach
25.2 km	100.8 km	Eissportzentrum Romanshorn
23.2 km	101.8 km	Romanshorn ❶ Bahnhof/Hafen
22.0 km	103.0 km	Strandbad Romanshorn
20.0 km	105.0 km	
18.5 km	106.5 km	Bahnhof Uttwil
18.0 km	107.0 km	Strandbad Uttwil

Start/Ziel Route

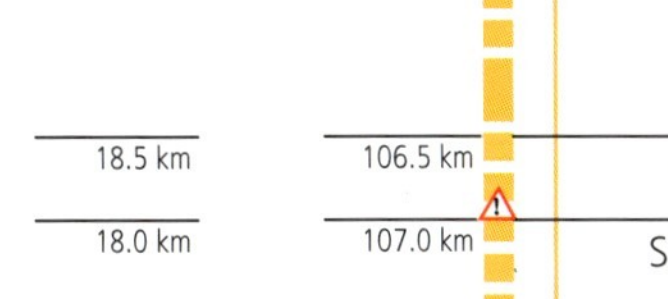

Touristinformation

❶ Als Heimathafen der Bodensee-Flotte bietet **Romanshorn (www.romanshorn.ch)** mit seinen Ausflugs- und Kursschiffen sowie der Bodensee-Fähre die wohl besten Möglichkeiten zu erlebnisreichen Schifffahrten. In Romanshorn selbst erwarten Sie Ruhe und Erholung, frische Seeluft und gemütliche Gastlichkeit mit kulinarischen (See-)Genüssen. Segeln, Surfen, Wasserskifahren, prächtig angelegte Quaianlagen mit einem wunderschönen Park oder das attraktive Seebad, direkt am See gelegen, lassen auch einen ausflugsfreien Tag zum Erlebnis werden.

slowUp Euregio Bodensee (www.slowup.ch). Das Tempo reduzieren und geniessen! Jeweils am letzten Augustsonntag gehören die Hauptstrassen

Perfekte Beläge. Dichtes ÖV-Haltestellennetz. Für Familien sehr geeignet. Vorsicht Bottighofen: Zufahrt zum Yachthafen.

Netzwerk mit dem öffentlichen Verkehr

Zusammen mit der Regionalbahn THURBO AG wurde im Rahmen des Projektes «Skater's Paradise» ein enges Haltestellennetz signalisiert. Der 1 Rhein Skate führt den See entlang an allen Bahnhöfen und Haltestationen vorbei, was ein distanzmässig sehr unbeschwertes Rollen für die eher ungeübten Skater und Familien zulässt. Infos: www.thurbo.ch

den Genussradlern, Hobbyskatern und aktiven Familien, den Freizeitsportlern und allen Freunden der nicht motorisierten Mobilität. Ein Rundkurs von ca. 40 km wird für jeglichen motorisierten Verkehr gesperrt. Dabei bleibt auch genug Zeit, an den verschiedenen Festplätzen entlang der Strecke die kulinarischen sowie kulturellen Attraktionen zu geniessen.

❷ Ein Ausflug ohne Skates: Auf dem **Obstlehrpfad** mit dem Ausgangspunkt Bahnhof **Altnau (www.altnau.ch)** begleiten die rot-grünen Wegweiser mitten durch die Obstanlagen mit einer traumhaften Sicht auf den Bodensee. Verschiedene Plätze laden immer wieder zum Verweilen ein. So spannend kann Lernen sein – und in Verbindung mit einer Wanderung, einer Velotour oder einer Pferdewagenfahrt wird das zum echten Anlass.

«Skater's Paradise» Thurgau-Bodensee. Im August 2003 wurden im Kanton Thurgau im Rahmen des Projektes Skater's Paradise die ersten Skaterouten der Schweiz ausserhalb des Expo.02-HPM-Projektes signalisiert. Die «Rollenprobe» ist mittlerweile längst bestanden! Skater's Paradise kann bereits auf erfolgreiche Jahre zurückblicken und ist als Begriff etabliert. Gemessen am Interesse des Flyers und der Rückfragen bei Thurgau Tourismus müssen es bereits Tausende sein, welche der offiziellen Signalisation des «TKB Lake Skate» und des «TKB Apple Skate» zwischen Konstanz und Rorschach und im klassischen «Mostindien» in der Region Oberer Bodensee gefolgt sind.

D
Rhein
Gottlieben
Konstanz
Bodensee
Kreuzlingen
Kurzrickenbach

Kurzrickenbach–Kreuzlingen: 15 km
Höhendifferenz: 70 Hm
Schwierigkeitsgrad: leicht–mittel

Sehenswürdigkeiten:
Kreuzlingen | Konstanz | Insel Mainau

Kreuzlingen Tourismus
CH-8280 Kreuzlingen
Tel +41 (0)71 672 38 40
info@kreuzlingen-tourismus.ch
www.kreuzlingen-tourismus.ch

Streckeninformation

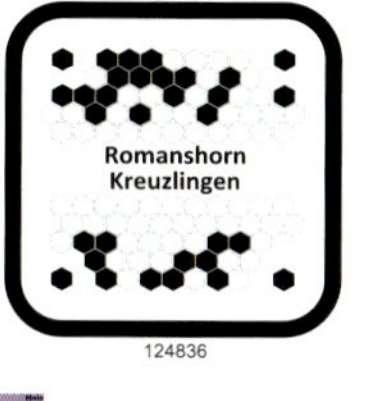

1 Rhein Skate
Auf dieser Etappe befinden sich gemütliche Seebadis und Gartenbeizli. Der Kurs ist immer in unmittelbarer Nähe von Bahnhaltestellen. Die Aussicht über den See ist stellenweise fantastisch. In Kreuzlingen lockt die offene Grenze für einen Abstecher nach Konstanz. Perfekte Beläge. Dichtes ÖV-Haltestellennetz. Für Familien sehr geeignet. Vorsicht Bottighofen: Zufahrt zum Yachthafen.

Start / Ziel 99 Bodensee Skate und Lake Skate.

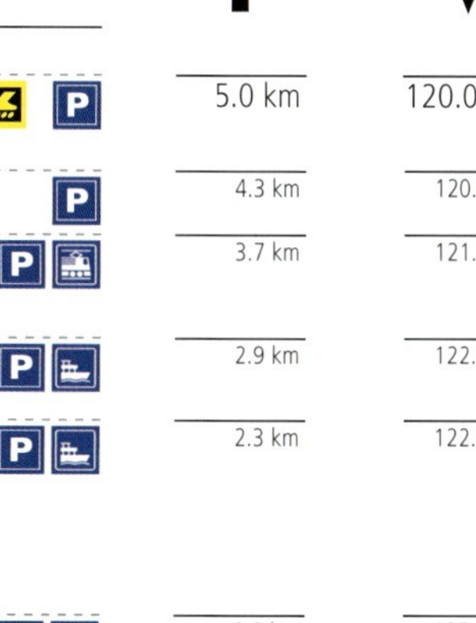

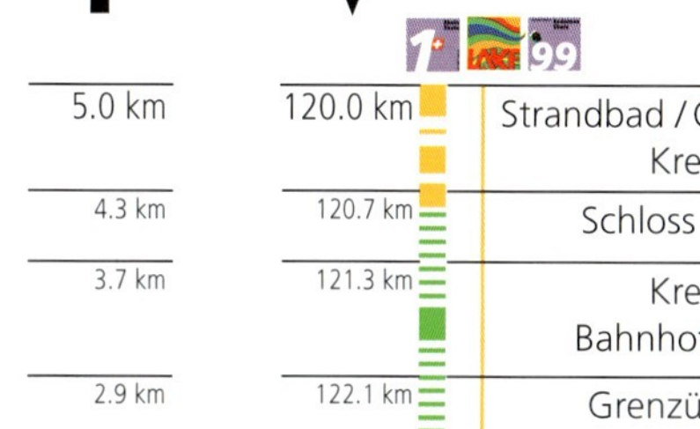

Touristinformation

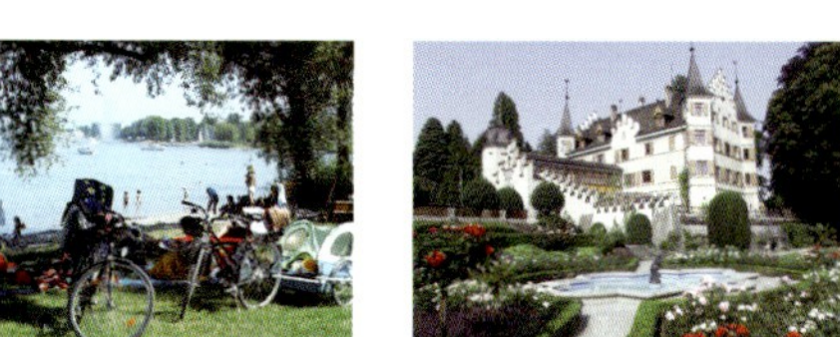

1 Elf Gemeinden am Ober- und Untersee sowie auf dem Thurgauer Seerücken haben sich unter dem Dach **«Kreuzlingen Tourismus» (www.kreuzlingen.to)** zusammengefunden, um ihre Trümpfe gemeinsam auszuspielen. Aktivferien am Bodensee, dafür ist man in der Region Kreuzlingen gut gerüstet. Ob Wassersport oder Wanderungen, ob Radtouren oder Inlineskating, von der Schweizer Hafenstadt aus gibt es viele Möglichkeiten, sich in einer der schönsten europäischen Ferienlandschaften zu bewegen und die Natur in vollen Zügen zu geniessen. Kreuzlingen, die «erste Stadt der Schweiz», lebt in enger Partnerschaft mit Konstanz, ohne das eigene Profil zu verlieren. Kunstgalerien, das Planetarium, eine lebendige Theater- und

Netzwerk mit dem öffentlichen Verkehr
Zusammen mit der Regionalbahn THURBO AG wurde im Rahmen des Projektes «Skater's Paradise» ein enges Haltestellennetz signalisiert. Der 1 Rhein Skate führt den See entlang an allen Bahnhöfen und Haltestationen vorbei, was ein distanzmässig sehr unbeschwertes Rollen für die eher ungeübten Skater und Familien zulässt. Infos: www.thurbo.ch

Identitätskarte: Für den Grenzübertritt (auch über die grüne Grenze) benötigen Sie einen gültigen Ausweis (ID oder Pass).

Kleinkunstszene, sportliche und kulturelle Grossereignisse in der «Bodensee-Arena» sorgen für Abwechslung.
Die historische Stadt **Konstanz (www.konstanz.de)** ist mit mehr als 82 000 Einwohnern die grösste Stadt am Bodensee. Heute ist sie eine lebendige Universitätsstadt mit vielen Freizeitangeboten für Besucher jeden Alters. Bei Kilometer 122.1 führt die «grüne Grenze» direkt in das grosse Hafenareal mit seinem gigantischen Einkaufszentrum **Lago (www.lago-konstanz.de)**, der grossen **Hafenhalle (www.hafenhalle.de)**, dem Biergarten und als unübersehbarer «Klotz» – dem **Sea Life (www.sealife.de).**

Der Ausflugstipp in die Region: **Insel Mainau! (www.mainau.de).** Südliches Flair, Farben, Formen und Düfte: Die Mainau ist jeden Tag aufs Neue ein Erlebnis. Hier gedeihen Palmen, Orangen und andere exotische Kostbarkeiten. Im Frühling blühen die Tulpen, im Palmenhaus lockt die Orchideenschau, im Sommer begeistern Rosen, im Herbst Dahlien und die Blumenbeete leuchten von März bis Oktober in exotischen Farben.

Streckenabschnitt zwischen Sierre und Sion

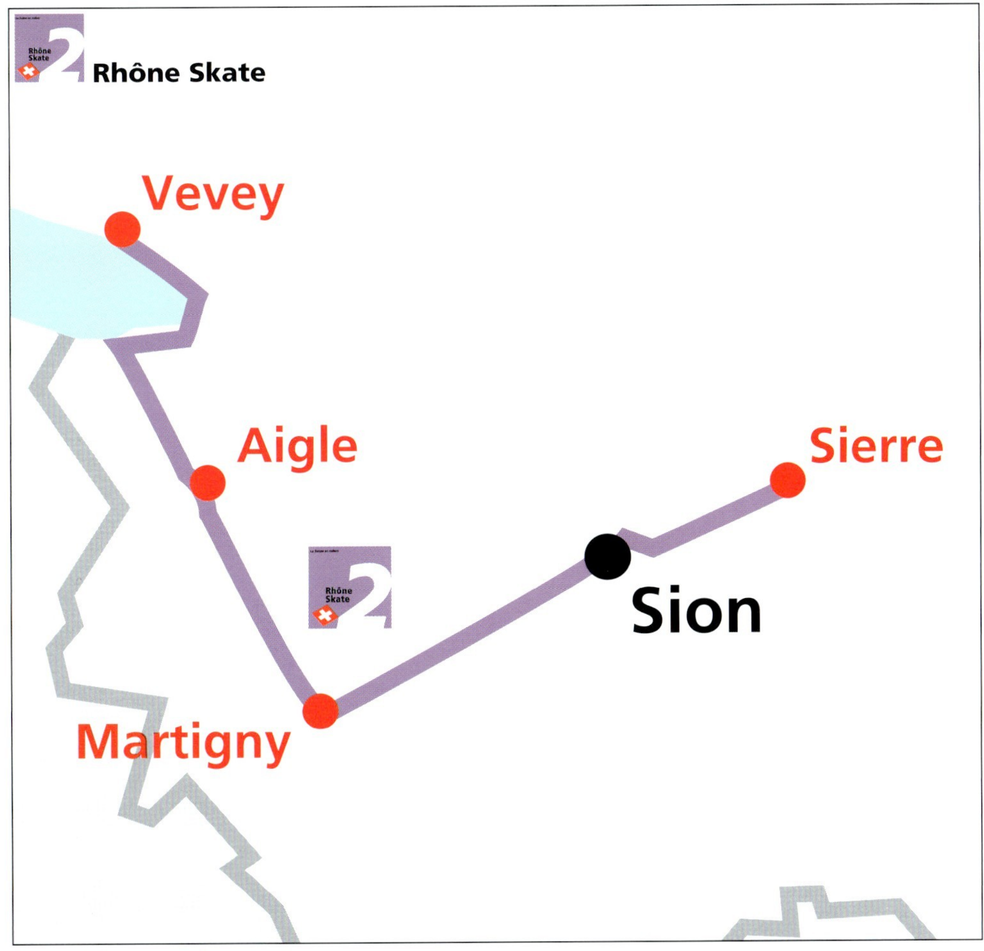

Wallis Tourismus
Rue Pré Fleuri 6
Postfach 1469
CH-1951 Sion
Tel +41 (0)27 327 35 70
Fax +41 (0)27 327 35 71
info@valaistourism.com
www.wallis.com

Office du Tourisme de Sion
Place de la Planta
CH-1950 Sion
Tel +41 (0)27 327 77 27
Fax +41 (0)27 327 77 28
info@siontourisme.ch
www.siontourisme.ch

Martigny Tourism
Avenue de la Gare 6
Case postale 800
CH-1920 Martigny
Tel +41 (0)27 720 49 49
Fax +41 (0)27 720 49 89
info@martignytourism.ch
www.martignytourism.ch

Route 2 Rhône Skate

Der 2 Rhône Skate, vom Alpental zum internationalen Schaufenster | Unter dem Namen «Rotten» entspringt die Rhone dem gleichnamigen Gletscher und verlässt rund 260 km später die Schweiz, um schliesslich bei Marseille ins Mittelmeer zu fliessen. Nachdem er als munteres Wildwasser das Goms durchquert hat, wird der Fluss ab Brig über weite Strecken kanalisiert. Diese Flussregulierungen führten zu den beidseitigen Rhonedämmen, auf denen heute Routen von Veloland und Skatingland Schweiz verlaufen. In seiner unmittelbaren Nähe sind im Laufe der Zeit viele Freizeitmöglichkeiten geschaffen worden.

Den Schutzdämmen sei Dank | Der Rhône Skate beginnt in Sierre, führt durch das untere Rhonetal bis an den Genfersee und folgt dessen Nordufer bis nach Vevey. Der Weg verläuft im Wallis auf meist völlig flachen Strecken und über weite Teile auf den Schutzdämmen der Rhone, entlang dem Flussufer. Die Beläge sind teilweise leider noch in einem schlechten Zustand. Sie sollen allerdings in den nächsten Jahren saniert werden.

Zwischen Hochalpen und Weinbau | Das Landschaftsbild im Wallis wird einerseits von der Kette der Berner und Walliser Hochalpen beherrscht und andererseits von den Rebkulturen und Winzerdörfern sowie vom Obst- und Gemüseanbau im breiten Talboden geprägt. Salgesch oder Aigle sind Weinorte, die Weinliebhaber kaum auslassen werden. Vielfach bieten schön hergerichtete Weinbaumuseen interessante Einblicke in das alte und landschaftsprägende Handwerk.

UNESCO Weltkulturerbe | Ab Villeneuve taucht der Rhône Skate in ein ganz anderes Landschaftsbild ein. Der Genfersee und die Waadtländer Riviera bilden zusammen mit den Rebbergen des Lavaux, dem jüngsten UNESCO Weltkulturerbe der Schweiz, den mondänen Hotelpalästen in Montreux sowie dem Postkartenbild des Château de Chillon eine weltbekannte Kulisse. Dieser Abschnitt zwischen Villeneuve und Vevey zählt sicher zu den attraktivsten Skatestrecken der Schweiz oder gar Mitteleuropas, auch wenn hier, mit Rücksicht auf die vielen Fussgänger, kaum Speedskating möglich ist.

Talwind oder Föhn? | Bei schönem, warmem Wetter weht im Wallis ein kräftiger Wind talaufwärts. Jeder Skater und Velofahrer der Region kennt das Phänomen. Aus logischen Überlegungen wählt man die Route in Richtung flussabwärts, doch dann muss man immer wieder erleben, wie einem kräftiger Gegenwind ins Gesicht bläst. Dieser Wind tritt vor allem nachmittags an warmen Sommertagen auf und damit dem abwärtsrollenden Skater

entgegen. Dieser Nachmittagswind kommt gegen Abend zum Erliegen und weht dann sogar in der «richtigen» Richtung talabwärts. Dies hat mit den wechselnden Temperaturverhältnissen im relativ engen Alpental zu tun.
Anders verhält es sich mit dem Föhn: Dieser schiebt im Rhein- und Rhonetal von hinten, denn bekanntlich weht er von der Alpensüdseite herüber und erwärmt sich im Fallen auf der Nordflanke der Alpen. Dies sind nicht unwichtige Überlegungen bei der tageszeitlichen Planung für Touren auf dem Rhône Skate.

Attraktiv, aber nicht ganz einfach | In seiner Länge und Topografie ist der Rhône Skate durchaus mit dem Rhein Skate vergleichbar. Es sind auch nur wenige Höhenmeter zu bewältigen, aber in seiner Gesamtheit stellt der Rhône Skate etwas höhere Anforderungen. Dies ist vor allem bedingt durch die stellenweise schlechten Belagsqualitäten und den etwas höheren Anteil an möglichen Kontakten mit dem motorisierten Verkehr. Der Rhône Skate ist sehr attraktiv und abwechslungsreich, aber nicht ganz einfach. Kenntnisse der Verkehrsregelverordnung und gute Fahrtechnik sind zu empfehlen.

Wallis Tourismus
Rue Pré Fleuri 6
Postfach 1469
CH-1951 Sion
Tel +41 (0)27 327 35 70
Fax +41 (0)27 327 35 71
info@valaistourism.com
www.wallis.com

Office du Tourisme du canton de Vaud
Avenue d'Ouchy 60
Case postale 164
CH-1000 Lausanne 6
Tel +41 (0)21 613 26 26
Fax +41 (0)21 613 26 00
www.vaud.ch

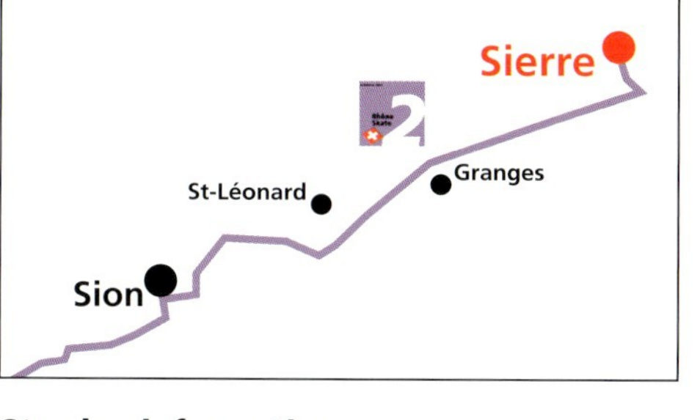

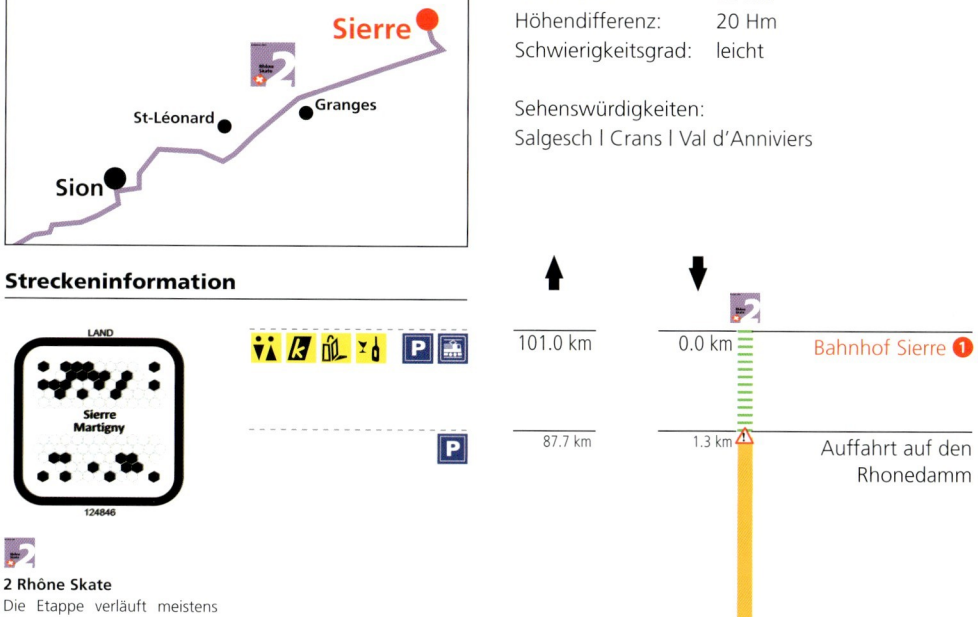

Sierre–Sion:	20 km
Höhendifferenz:	20 Hm
Schwierigkeitsgrad:	leicht

Sehenswürdigkeiten:
Salgesch | Crans | Val d'Anniviers

Office du Tourisme de Sion
Place de la Planta
CH-1950 Sion
Tel +41 (0)27 327 77 27
Fax +41 (0)27 327 77 28
info@siontourisme.ch
www.siontourisme.ch

Streckeninformation

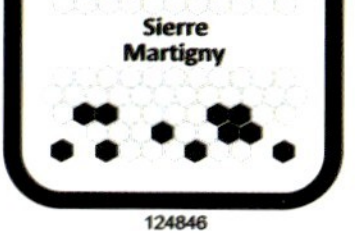

2 Rhône Skate
Die Etappe verläuft meistens auf dem Rhonedamm. Die Belagsqualität ist als eher schlecht zu bezeichnen. Dafür entschädigt die herrliche Landschaft umso mehr. Mit Kindern Pause in Granges im Happyland einlegen. Es gibt wenig Möglichkeiten, den Damm zu verlassen. Planung!

Touristinformation

Gemütliche Stunden entlang der Rhone verspricht diese Strecke. Praktisch ausschliesslich auf dem Rhone-Damm zieht sich der Weg kilometerlang und schnurgerade durch das Tal. Dieser Weg ist ein ideales Trainingsgelände einerseits für Speedskater und andererseits für diejenigen, die ungestört ihre ersten Kilometer auf den Rollen absolvieren wollen. Es gibt wenig Möglichkeiten, vom Damm in die Dörfer zu gelangen.

1 Bei **Sierre (www.sierreanniviers.ch)** befindet sich die Sprachgrenze. Damit beginnt am Südrand von Sierre nicht nur die sonnenreichste Ecke, sondern auch der Französisch sprechende Teil der Schweiz. Tipp für Weinliebhaber vor dem Start: Unbedingt ein paar Kilometer talaufwärts (mit den Skates nicht möglich) und das bekannte Weindorf Salgesch besuchen. Sierre wird von den burgähnlichen öffentlichen Gebäuden geprägt. Das Stadtbild erinnert bis heute auch an die Herrschaft der Bischöfe. Im Musée Valaisan de la Vigne et du Vin

Wichtig zu beachten ist, dass bei schönem Wetter nachmittags ein kräftiger Wind talaufwärts und bei Föhnlage talabwärts weht, was zuweilen mühsam werden kann. Also: Frühzeitig losfahren und genügend Flüssigkeit mitnehmen.

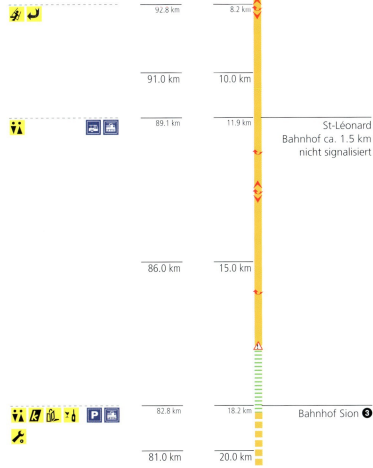

92.8 km	8.2 km	
91.0 km	10.0 km	
89.1 km	11.9 km	St-Léonard Bahnhof ca. 1.5 km nicht signalisiert
86.0 km	15.0 km	
82.8 km	18.2 km	Bahnhof Sion ❸
81.0 km	20.0 km	

im Château de Villa kann man sich umfassend über den Weinbau und die Weinkelterung bis zum Weinhandel informieren.

❷ In **Granges** ist der erste Pflichthalt für Familien mit Kindern. Dann heisst es: Willkommen im **Happyland New (www.happylandnew.ch)**,

dem grössten Vergnügungspark der Schweiz mit mehr als einem Dutzend atemberaubenden Attraktionen für Gross und Klein. Das 25 000 m^2 grosse Gelände verfügt über eine sehr gute touristische Infrastruktur.

❸ In der Schatzkiste der Schweizer Ferienreiche ist **Sion (www.siontourism.ch)** die Perle mit vielfältigen Facetten. Wer sich der Walliser Kantonshauptstadt nähert, wird schon von Weitem von den beiden auf je einem Felshügel thronenden Burgen Valère und Tourbillon gegrüsst. Die Altstadt, angelehnt an die beiden Hügel, die Schlösser und die Museen erzählen von längst vergangenen Zeiten. Belebt durch die modernen Strassen-, Zug- und Flugzeugverbindungen, macht sich die Gegenwart in den neuen Quartieren breit. Immer darauf bedacht, die Besucher zu verwöhnen, bietet die Stadt eine vielfältige Palette an Sport, Kultur und Gastronomie an. Wer Zeit hat, sollte auch einen Besuch mit einer Bootsfahrt auf dem unterirdischen See von St-Léonard nicht verpassen.

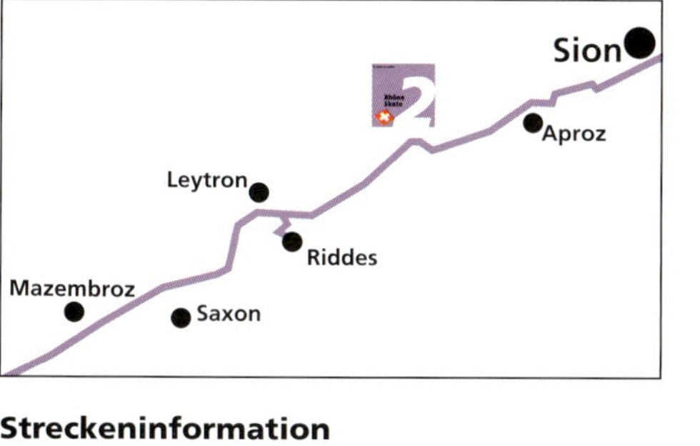

Sion–Mazembroz: 20 km
Höhendifferenz: 20 Hm
Schwierigkeitsgrad: leicht

Sehenswürdigkeiten:
Sion I Fendant, Walliser Wein

Streckeninformation

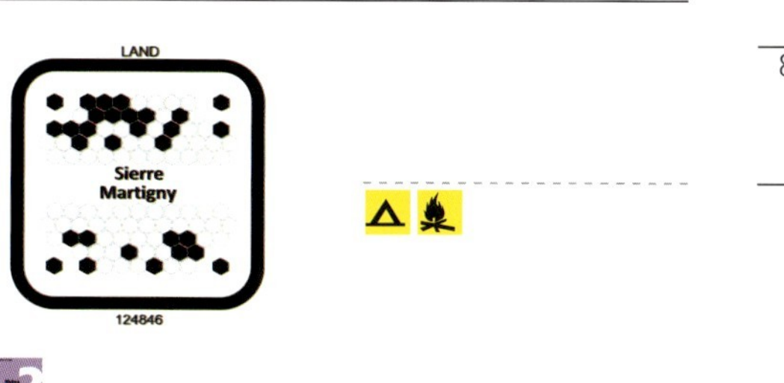

↑	↓	
81.0 km	20.0 km	
78.5 km	22.5 km	Aproz, Les Iles Naherholung und Camping
76.0 km	25.0 km	

2 Rhône Skate
Die Etappe verläuft meistens auf dem Rhonedamm. Die Belagsqualität ist als eher schlecht zu bezeichnen. Dafür entschädigt die herrliche Landschaft umso mehr. Es gibt wenig Möglichkeiten, den Damm zu verlassen. Planung!

Wallis Tourismus
Rue Pré Fleuri 6
Postfach 1469
CH-1951 Sion
Tel +41 (0)27 327 35 70
Fax +41 (0)27 327 35 71
info@valaistourism.com
www.wallis.com

Touristinformation

❶ Besuchstipp: **Saillon (www.saillon.ch)** ist ein bemerkenswert gut erhaltenes, historisches Dorf, dessen Duft Sie an Südfrankreich erinnert. An den Hängen, zwischen den Weinparzellen, stehen Mandelbäume neben Oliven- oder Feigenbäumen. In der Talebene wechseln sich Spargel- und Gemüseanbau mit Rebbergen ab. Aber Saillon war auch der Schlupfwinkel für den ungreifbaren Farinet und der Zufluchtsort für den im Exil lebenden Maler Courbet. Nicht zu vergessen sind das Thermal- und Wellnesszentrum mitten im Anbaugebiet des Fendants und die (nicht skatebaren) Wanderwege. Saillon ist ein lebhafter, urbaner Ort, geprägt vom Wasser, vom Stein und von der Sonne.

Wichtig zu beachten ist, dass bei schönem Wetter nachmittags ein kräftiger Wind talaufwärts und bei Föhnlage talabwärts weht, was zuweilen mühsam werden kann. Also: Frühzeitig losfahren und genügend Flüssigkeit mitnehmen.

71.0 km	30.0 km		
68.8 km	32.2 km	Riddes Bahnhof ca. 1 km	
66.0 km	35.0 km		
65.0 km	36.0 km	Saillon ❶	
61.0 km	40.0 km	Mazembroz	 

Einzigartig in seiner Art ist das **Falschgeld-Museum im Haus Farinet**. Im ersten Stock ist echtes Geld ausgestellt. Der einzige Massstab, an dem die Fälschungen gemessen werden können. Ein Querschnitt durch die Geschichte und eine kurze Darstellung der heutigen Fertigungstechniken für die Herstellung der Banknoten rundet diese Etage ab. Im Erdgeschoss befindet sich das Falschgeld. Nach einem kurzen Blick auf die Geschichte der Fälschungen, aber auch auf die schrecklichen Bestrafungen, die verhängt wurden, werden dem Besucher aktuelle Fälle präsentiert anhand des Materials, das von den schweizerischen Polizeibehörden beschlagnahmt wurde. Das Kellergeschoss ist Farinet gewidmet, der Symbolfigur des Falschmünzers mit dem goldenen Herzen. Die Freunde Farinets präsentieren Ihnen diesen Helden zwischen Mythos und Realität. Öffnungszeiten: Mittwoch bis Sonntag jeweils nachmittags. Informationen und Gruppenführungen: 027 744 40 03.

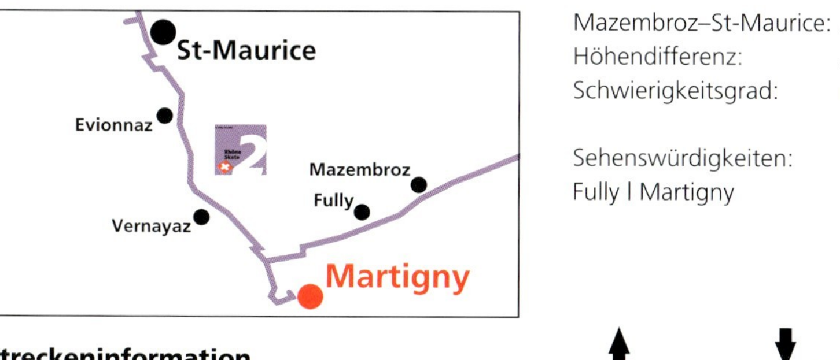

Mazembroz–St-Maurice: 20 km
Höhendifferenz: 20 Hm
Schwierigkeitsgrad: leicht

Sehenswürdigkeiten:
Fully I Martigny

Martigny Tourism
Avenue de la Gare 6
Case postale 800
CH-1920 Martigny
Tel +41 (0)27 720 49 49
Fax +41 (0)27 720 49 89
info@martignytourism.ch
www.martignytourism.ch

Streckeninformation

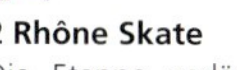

2 Rhône Skate
Die Etappe verläuft meistens auf dem Rhonedamm. Die Belagsqualität ist als eher schlecht zu bezeichnen. Dafür entschädigt die herrliche Landschaft umso mehr. Es gibt wenig Möglichkeiten, den Damm zu verlassen. Planung!

↑	↓	
61.0 km	40.0 km	
59.3 km	41.7 km	Fully ❶
56.0 km	45.0 km	
54.3 km	46.5 km	Martigny ❷ Bahnhof ca. 3 km

Touristinformation

❶ **Fully (www.fully.ch)** gehört mit zu den wichtigsten Weinbaugebieten der Schweiz. Weniger bekannt sind die Kastanienwälder, die nicht weniger attraktiv sind. «La Châtaigneraie», einer der grössten und vielfältigsten Wälder der Zentralalpen, erstreckt sich über 10 Hektar. Gemäss Überlieferung wurden die ersten Kastanienbäume von Fully um das Jahr 1200 gepflanzt. Vor der Regulierung der Rhoneebene galt dieser Nutzbaum als unverzichtbar für das Überleben der örtlichen Bevölkerung. Jede Familie besass einige Bäume, die man mit Sorgfalt hegte und veredelte. Nachdem sie unter Naturschutz gestellt worden sind, werden sie besonders sorgfältig behandelt. Als Zeuge einer vergangenen Zeit, in der der Kastanienbaum für

Wichtig zu beachten ist, dass bei schönem Wetter nachmittags ein kräftiger Wind talaufwärts und bei Föhnlage talabwärts weht, was zuweilen mühsam werden kann. Also: Frühzeitig losfahren und genügend Flüssigkeit mitnehmen.

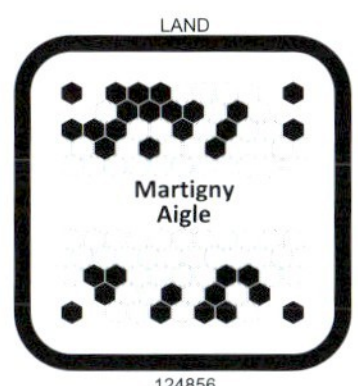

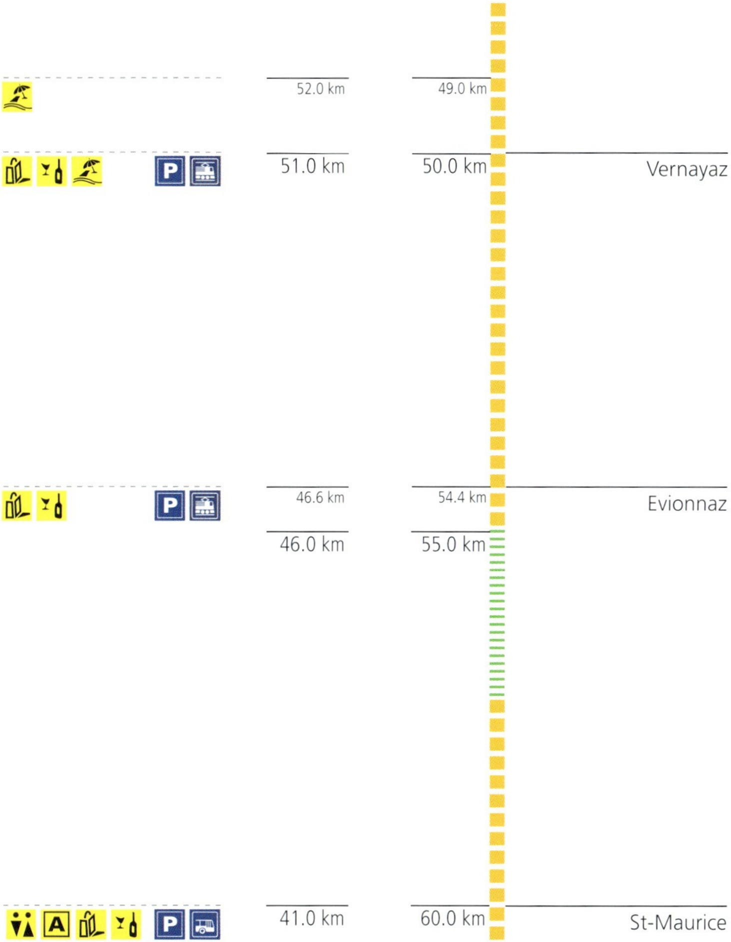

52.0 km	49.0 km		
51.0 km	50.0 km	Vernayaz	
46.6 km	54.4 km	Evionnaz	
46.0 km	55.0 km		
41.0 km	60.0 km	St-Maurice	

viele Generationen überlebenswichtig war, entfaltet er hier seine ganze Majestät und verleiht dem Ort eine ruhevolle und feierliche Atmosphäre. Der Kastanienwald ist öffentlich zugänglich.

2 Bei **Martigny (www.martigny.ch)** treffen sich die wichtigsten Alpenverbindungen über Simplon, Grossen St. Bernhard und Forclaz. Seit Jahrhunderten wacht der Turm von La Bâtiaz über diesen Knotenpunkt. Auch die Römer haben mit ihrem kleinen Amphitheater, das seit der sorgfältigen Restaurierung besichtigt werden kann, ihre Spuren hinterlassen. In unmittelbarer Nähe befindet sich das Bernhardiner Museum. Dieses lebendige Museum, das im ehemaligen Zeughaus untergebracht ist, zeigt Kunstgegenstände und Objekte, die die Geschichte des Hospizes und des Grossen-St.-Bernhard-Passes geprägt haben. Zu den Hauptattraktionen von Martigny gehört aber die Fondation Pierre Gianadda. Das Kulturzentrum, erbaut um die Fundamente eines gallo-römischen Tempels, umfasst ein Museum mit wertvollen Ausgrabungen, eine Oldtimer-Sammlung mit über vierzig Automobilen aus der Zeit von 1897 bis 1939 sowie im Garten eine Sammlung von Skulpturen berühmter Künstler wie Rodin, Moore oder Mirò.

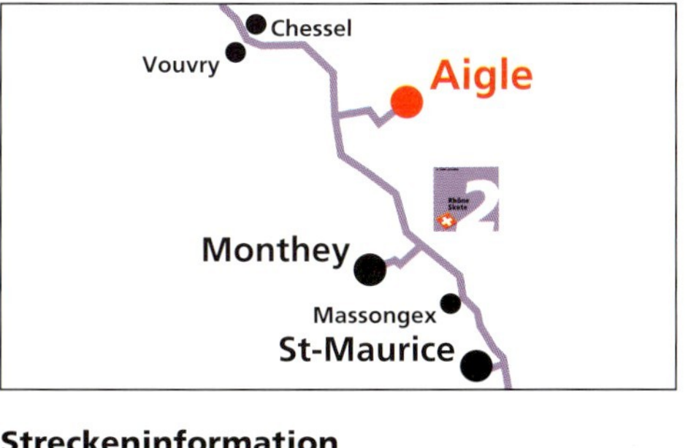

St-Maurice–Chessel: 20 km
Höhendifferenz: 25 Hm
Schwierigkeitsgrad: leicht

Sehenswürdigkeiten:
St-Maurice I Monthey I Aigle

Aigle Tourisme
Rue Colomb 5
CH-1860 Aigle
Tel +41 (0)24 466 30 00
Fax +41 (0)24 466 30 03
tourisme@aigle.ch
www.aigle.ch

Streckeninformation

2 Rhône Skate
Die Etappe verläuft meistens auf dem Rhonedamm. Die Belagsqualität ist als eher schlecht zu bezeichnen. Dafür entschädigt die herrliche Landschaft umso mehr. Es gibt wenig Möglichkeiten, den Damm zu verlassen. Planung!

Durchschnittliche Belagsqualität. Für Kinder eher weniger geeignet.

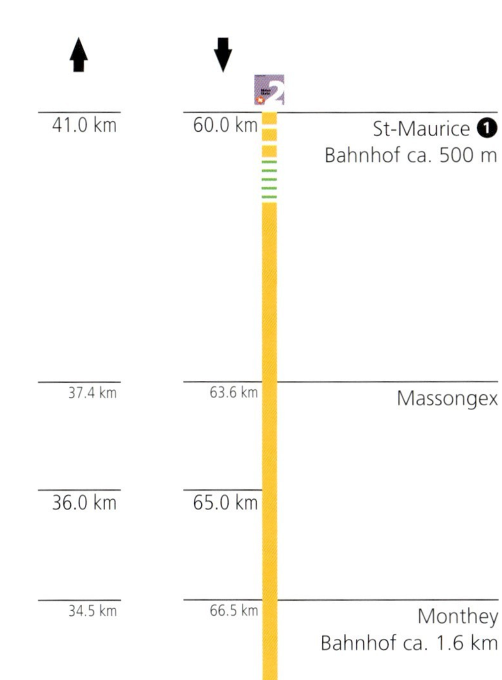

↑	↓	
41.0 km	60.0 km	St-Maurice ❶ Bahnhof ca. 500 m
37.4 km	63.6 km	Massongex
36.0 km	65.0 km	
34.5 km	66.5 km	Monthey Bahnhof ca. 1.6 km

Touristinformation

❶ Am strategisch wichtigen, durch Felsbarrieren verengten Punkt des Rhonetals hatten schon die Römer eine Zoll- und Militärstation errichtet. Seinen Namen erhielt **St-Maurice** aber von einer Legende: Eine römische Legion aus Theben unter ihrem Anführer Mauritius soll sich geweigert haben, den römischen Göttern zu huldigen, und wurde deshalb an dieser Stelle hingerichtet. Ab dem 4. Jahrhundert wurden die Märtyrer verehrt und um 515 gründete König Sigismund von Hochburgund hier ein Kloster **(www.abbaye-stmaurice.ch)**. Der Jahrestag dieses Ereignisses wird bis heute gefeiert. Im Laufe der Jahrhunderte erwarb sich das Kloster einen bedeutenden Schatz aus Opfergaben, der im Trésor de l'Abbaye besichtigt werden kann. Sehenswert ist auch die Grotte aux Fées (Feengrotte) mit ca. 900 m langen Tropfsteinhöhlen, Wasserfall und unterirdischem See.

31.0 km — 70.0 km

27.8 km — 73.2 km — Aigle 2

Bahnhof ca. 2.3 km

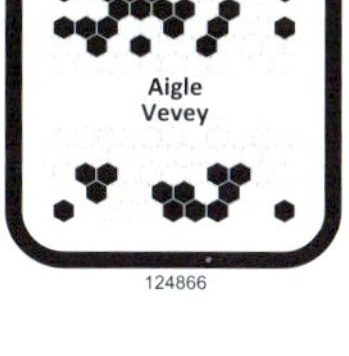

26.0 km — 75.0 km

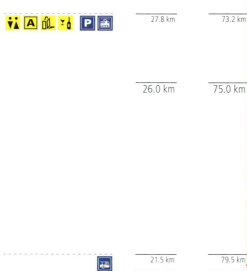

21.5 km — 79.5 km — Chessel

21.0 km — 80.0 km

2 Aigle (www.aigle.ch) ist das Zentrum des Waadtländer Weinbaugebietes le Chablais. Sehenswert sind das Fontaine-Quartier, die Rue Jerusalem mit den durch gedeckte Laubengänge verbundenen Häusern, der Zeitglockenturm, der Marktplatz und die autofreie Einkaufsstrasse Rue du Bourg. Über der Stadt thront das mächtige Schloss, in dem früher die bernischen Landvögte residierten und wo sich heute ein Weinbaumuseum befindet, unter anderem mit einer Sammlung

von über 150 000 Weinetiketten. Drei Bergbahnen fahren von Aigle aus in die Ferien- und Freizeitorte Leysin, Chambéry und Les Diablerets.

La Tour-de-Peilz
Clarens
Montreux
Territet
Genfersee
Villeneuve
Noville
Chessel

Chessel–La Tour-de-Peilz: 20 km
Höhendifferenz: 40 Hm
Schwierigkeitsgrad: leicht

Sehenswürdigkeiten:
Villeneuve | Schloss Chillon | Montreux

www.swiss-riviera.com
Die ganze Region kann über eine gemeinsame Website virtuell besucht werden.

Streckeninformation

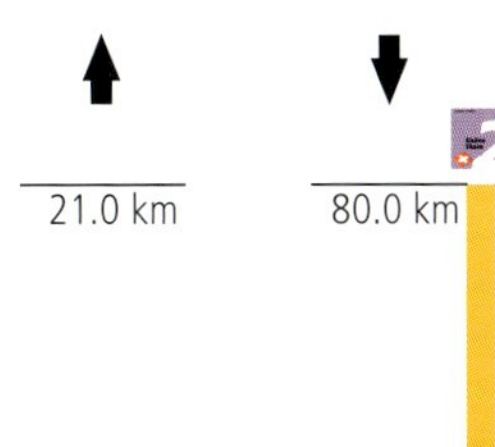

2 Rhône Skate
Zwischen Montreux und Villeneuve liegt eine Skatestrecke mit einer der imposantesten Landschaftskulissen, die die Schweiz zu bieten hat. Praktisch ausschliesslich den Genfersee entlang zieht sich über knapp sieben Kilometer ein einfaches Terrain für Familien und Flanierskater. Der Belag ist zwar nicht immer top. Auch drücken manchmal die Wurzeln der mächtigen alten Bäume durch den Teer. Aber was solls! Diese Strecke ist ein Traum. Damit dieser Traum aber nicht getrübt

21.0 km	80.0 km
16.7 km	84.3 km Noville
16.0 km	85.0 km

Touristinformation

Zwischen Villeneuve und Montreux verläuft wohl die touristisch prominenteste Skateetappe der Schweiz! Ab Villeneuve verläuft der Weg direkt entlang dem Genfersee. Die Aussicht ist fantastisch. Mit dem Schloss Chillon und der Jazzmetropole Montreux ist für Abwechslung gesorgt. Die ganze Region kann über eine gemeinsame Website **(www.swiss-riviera.com)** virtuell besucht werden.

❶ Seit März 2008 verfügt das wohl bekannteste Schloss der Schweiz, **Schloss Chillon (www.chillon.ch)** über einen neuen, hochinteressanten Entdeckungspfad. Die Geschichte vom zwölften bis ins sechzehnte Jahrhundert ist zum Greifen

wird, ist gut zu wissen, dass die Strandpromenade in der Jazzmetropole Montreux ausser am Morgen bis gegen 10.00 Uhr immer sehr stark bevölkert ist. Wohl ist Radfahren am Genfersee nicht gestattet. Dafür hat es umso mehr Fussgänger. Vorsicht!

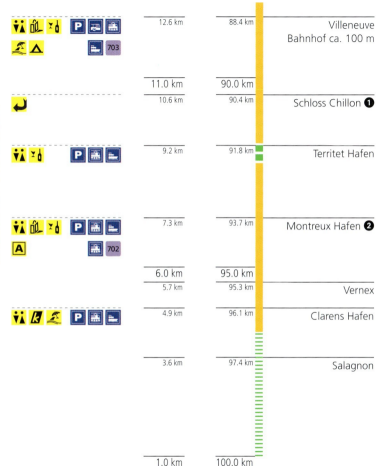

Restdistanz	Distanz	Ort	
12.6 km	88.4 km	Villeneuve Bahnhof ca. 100 m	703
11.0 km	90.0 km		
10.6 km	90.4 km	Schloss Chillon ❶	
9.2 km	91.8 km	Territet Hafen	
7.3 km	93.7 km	Montreux Hafen ❷	702
6.0 km	95.0 km		
5.7 km	95.3 km	Vernex	
4.9 km	96.1 km	Clarens Hafen	
3.6 km	97.4 km	Salagnon	
1.0 km	100.0 km		

nah. Seine strategisch einzigartige Schlüsselposition an der Nord-Süd-Achse der ehemaligen Handelsstrasse nach Italien macht das Schloss Chillon zu einem weltweit einzigartigen Bauwerk. Erbaut auf einer Felseninsel und eingebettet in einen natürlichen Engpass zwischen dem See und der ehemaligen Handelsstrasse nach Italien, zeigt sich dieses einmalig schöne Schloss von zweierlei Seiten: als uneinnehmbare Festung zur Bergseite hin und als fürstliche Residenz zur Seeseite hinaus. Romanischer und frühgotischer Baustil treffen hier aufeinander. Das Schloss besteht aus insgesamt 25 Baukörpern, von denen die ältesten aus dem ersten Jahrtausend stammen. Heute kann man das sorgfältig restaurierte Schloss von den Kellergewölben bis zum Bergfried besichtigen.

❷ **Montreux (www.montreux.ch),** die Hauptstadt der Waadtländer Riviera, erfreut sich dank der geschützten, durch die Berge vor den kalten Nordwinden abgeschirmten Lage am Genfersee eines ausgezeichneten, milden Klimas. Montreux ist unter Besuchern jeden Alters sehr beliebt als Treffpunkt und Austragungsort grosser internationaler Festivals wie die Goldene Rose von Montreux oder das internationale Jazz Festival. In Montreux sind zudem die Skater gegenüber den Radfahrern in einem nicht zu unterschätzenden Vorteil: Sie dürfen die herrliche Seepromenade benutzen und sich hier unter anderem der mediterranen Vegetation mit Feigen-, Maulbeer- und Mandelbäumen, Pinien, Zypressen und Palmen erfreuen.

Streckeninformation

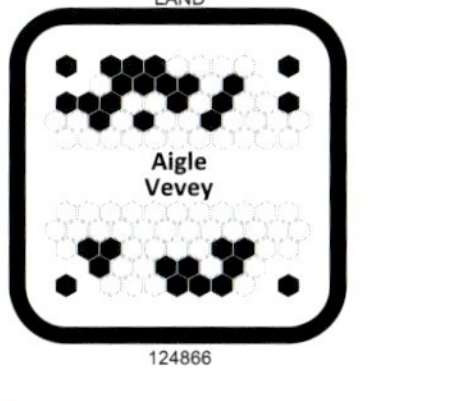

702

703

2 Rhône Skate

Zwischen Montreux und Villeneuve liegt eine Skatestrecke mit einer der imposantesten Landschaftskulissen, die die Schweiz zu bieten hat. Praktisch ausschliesslich den Genfersee entlang zieht sich über knapp sieben Kilometer ein einfaches Terrain für Familien und Flanierskater. Der Belag ist zwar nicht immer top. Auch drücken manchmal die Wurzeln der mächtigen alten Bäume durch den Teer. Aber was solls! Diese Strecke ist ein Traum. Damit dieser Traum aber nicht getrübt

La Tour-de-Peilz–Vevey:	2 km
Höhendifferenz:	40 Hm
Schwierigkeitsgrad:	leicht

Sehenswürdigkeiten:
Lavaux UNESCO Weltkulturerbe

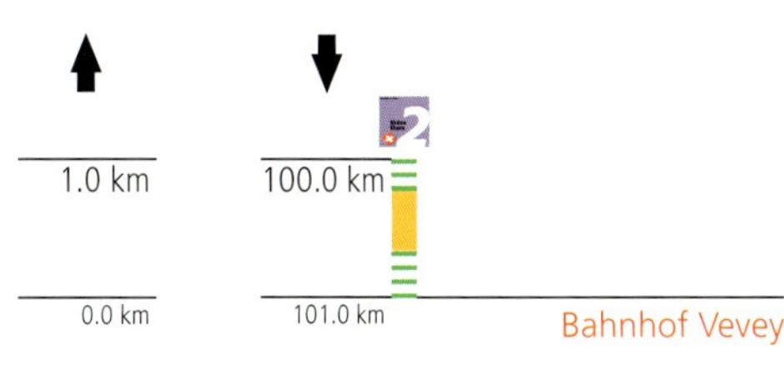

Montreux-Vevey Tourisme
Rue du Théâtre 5
1820 Montreux
Tel +41 (0)848 86 84 84
Fax +41 (0)21 962 84 86
info@mvtourism.ch
www.montreuxtourism.ch

Touristinformation

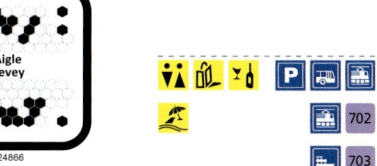

Die Schweizer Riviera profitiert dank ihrer bevorzugten Lage direkt am Genfersee und am Fusse der Voralpen von einem besonders milden, angenehmen Klima. Die Vielfalt an Ausflugsmöglichkeiten, sei es mit dem Bus, Zug oder Schiff, und das Unterhaltungsangebot der Region erlauben jedermann, ob jung oder auch weniger jung, einen Aufenthalt «nach Mass».
An der Riviera ist auch immer etwas los. Zum Beispiel internationale Veranstaltungen, die Jahr für Jahr stattfinden: das Jazz Festival im Juli, Theatervorführungen und klassische Konzerte während des ganzen Jahres sowie der Weihnachtsmarkt und das «Festival du rire» im Dezember.

Die atemberaubenden Landschaften und der Weinbau machen das Lavaux **(www.lauvaux.ch)** so berühmt. Die wunderbaren, in Terrassen angelegten Weinberge sind von einzigartiger Schönheit und wurden als Weltkulturerbe der UNESCO ausgezeichnet. Die Weiten der Weinberge, welche in wird, ist gut zu wissen, dass die Strandpromenade in der Jazzmetropole Montreux ausser am Morgen bis gegen 10.00 Uhr immer sehr stark bevölkert ist. Wohl ist Radfahren am Genfersee nicht gestattet. Dafür hat es umso mehr Fussgänger. Vorsicht!

den kristallblauen Genfersee eintauchen, bieten eine unglaubliche Aussicht, welche kaum jemand unberührt lässt. Die Ortsnamen des Lavaux stehen alle für die bestbekannten Waadtländer Weissweinmarken: St-Saphorin, Epesses, Villette und wie sie alle heissen. An diesen sonnendurchfluteten Hängen ist natürlich auch der Besiedlungsdruck enorm gross. Das Lavaux wurde zum jüngsten Weltkulturerbe der Schweiz, weil ein Gesetz aus dem Jahre

1441 die Rebhänge vor Überbauung schützt. So wurde also schon vor rund 600 Jahren die Bedeutung des Weinbaus für die Region erkannt.

Bei den terrassenförmigen Weinbergen des Lavaux spricht man von den «drei Sonnen», die den Weinberg des Lavaux verwöhnen: die von den Einheimischen oft als «Jean Rosset» bezeichnete, feurige und grosszügige Sonne, die Rückstrahlung vom Genfersee und die gespeicherte Sonnenwärme der schutzbietenden Steinmauern. Alle drei Sonnen lassen die Trauben reifen und süssen. Diese Weinberge besitzen eine Vielzahl verschiedener Böden mit unterschiedlichem Mikroklima: Die Winzer können all ihr Wissen einsetzen und eine reiche Palette von Weinen innerhalb der acht Herkunftsbezeichnungen produzieren.

Impression Tösstal Zürcher Oberland

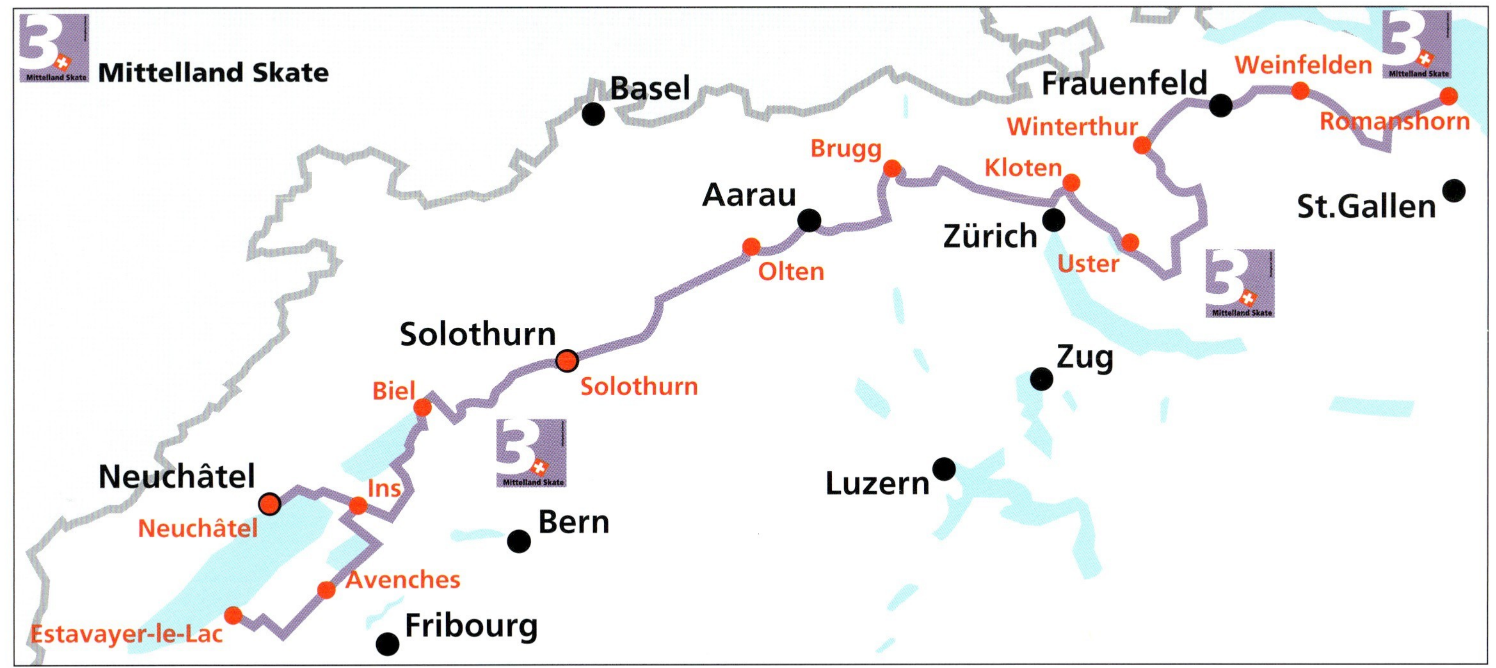

Ostschweiz Tourismus
Bahnhofplatz 1a
CH-9001 St. Gallen
Tel +41 (0)71 227 37 37
Fax +41 (0)71 227 37 67
info@ostschweiz.ch
www.ostschweiz.ch

Zürich Tourismus
Stampfenbachstrasse 52
Postfach
CH-8021 Zürich
Tel +41 (0)44 215 40 00
Fax +41 (0)44 215 40 44
information@zuerich.com
www.zuerich.com

Schweizer Mittelland Tourismus
Amtshausgasse 4
Postfach 169
CH-3000 Bern 7
Tel +41 (0)31 328 12 12
Fax +41 (0)31 328 12 88
info@smit.ch
www.smit.ch

Route 3 Mittelland Skate

Quer durch die Schweiz | Der Mittelland Skate verbindet den Bodensee mit der Drei-Seen-Region oder auch die beiden nationalen Pionierregionen und Pilotprojekte Skater's Paradise Thurgau und das HPM-Expo.02-Projekt! Nach einem Schlenker durchs Tösstal folgt der Mittelland Skate dazwischen entlang dem Jurasüdfuss. In der Gesamtheit ist die Route als anspruchsvoll zu bezeichnen, bietet aber mit geschickten Etappierungen genussreiche Abschnitte auch für ungeübte Skater. Wer sich an die gesamte Strecke mit ihren gut 400 km wagt, sollte über sehr gute VRV-Kenntnisse (Seite 15) verfügen. Rucksack und Schuhe obligatorisch.

Starke Kontraste zwischen Wasser, Stadt und Land | Zwar sind es kleinere und grössere Flüsse, die den Verlauf der Route prägen: die Thur, die Limmat, die Reuss, die Aaare etwa, doch man folgt nicht immer unmittelbar dem Flussufer. Deshalb ist die Topografie über die ganze Route betrachtet auch etwas anspruchsvoller. Gelegentliche kürzere Abfahrten und Steigungen prägen den Verlauf. Das Landschaftsbild ist sehr vielseitig. Nach dem sprichwörtlichen «Mostindien» führt die Route durch Industriegebiete in der Zürcher Agglomeration zu einem der Höhepunkte der Mittellandroute, dem Flughafen Zürich. Weiter gegen Westen, durch mittelländische Industrielandschaften taucht der Mittelland Skate immer wieder in Landstriche ein, die durch ihr natürliches, ländliches Ambiente erfreuen. Die Flüsse waren die Verkehrswege des Mittelalters. Die kleineren und grösseren Städte und Orte zeugen von dieser Vergangenheit und laden ein zu einem Besuch.

Aarelandschaft | Der Abschnitt Grenchen–Studen liegt in der typischen Aarelandschaft zwischen Biel und Solothurn. Das ganze Gebiet ist ein lohnendes touristisches Ausflugsziel, welches auch von vielen Skatern besucht wird. Nach dem Unterrhein ist der Aarelauf der einzige mit grösseren Personenschiffen befahrbare Flusslauf der Schweiz. Hier verkehrt während der Saison mehrmals täglich eines der zur Bielersee-Schifffahrts-Gesellschaft gehörenden Schiffe zwischen Biel und Solothurn. Der Mittelland Skate ist da sehr einfach zu bewältigen und

bietet gerade für Familien viel Abwechslung und schöne Plätze zum Grillen und Picknicken oder einfach zum Verweilen.

Expo.02, das Grosse Moos und der «Pont Rotary» | Was für ein geschichtsträchtiger Platz der neuesten Zeit! Es war eines der Filetstücke des Expo.02-HPM-Projektes. Da ist auf der einen Seite der bezaubernde französische Charme der Seepromenade von Neuenburg in Richtung St-Blaise und nach der Sprachgrenze das erdverbundene, bodenständige Seeland mit dem weiten Grossen Moos, das aus den Bildern von Albert Anker stammen könnte. Und genau hier, über dem Broye-Kanal, spannt sich das Herzstück des Expo.02-Projektes, die elegante Holzbogenbrücke «Pont Rotary». Diese Brücke ist nicht nur ein Symbol des Langsamverkehrs, welches ohne Expo.02 wohl nicht möglich gewesen wäre, sondern auch ein wichtiger Beitrag zur Verbindung zwischen der Westschweiz und dem deutschsprachigen Seeland.

Transitstrecke für Fans! | Es war die Hauptachse für Skater an der Expo.02. Quasi die Transitverbindung zwischen dem Murtensee und Estavayer-le-Lac. Diese Strecke ist insofern sehr interessant, als sie alles beinhaltet, was eine Skatestrecke ausmachen kann. Kilometerlange, gerade Stücke zum Speeden und Über-den-Asphalt-Fliegen folgen auf knifflige Ortsquerungen und lang gezogene Abfahrten, die doch etwas Geschick auf den Rollen erfordern. Wem diese Abwechslung Spass macht, für den ist diese doch eher schwierige Strecke ein Hochgenuss! Mit Murten winkt ein attraktives Städtchen mit gemütlichen Cafés. Auch der Aufstieg vom Bahnhof zur Römerstadt Avenches lohnt sich auf jeden Fall. Unser Tipp: unbedingt besichtigen. Bis Payerne gibt es noch einmal zwei «giftige» Abfahrten zu bewältigen. Eventuell Skates ausziehen. Nach Payerne führt der Mittelland Skate über die Höhe von Sévaz nach Estavayer-le-Lac hinunter. Wer will, nutzt die Gelegenheit einer Schifffahrt bis Neuenburg, steigt dort am anderen Ende des Mittelland Skates wieder in die Strecke ein und schliesst den Kreis bis nach Ins.

Thurgau Tourismus
Egelmoosstrasse 1
CH-8580 Amriswil
Tel +41 (0)71 414 11 44
Fax +41 (0)71 414 11 45
info@thurgau-tourismus.ch
www.thurgau-tourismus.ch

Zürich Tourismus
Stampfenbachstrasse 52
CH-8021 Zürich
Tel +41 (0)44 215 40 00
Fax +41 (0)44 215 40 44
information@zuerich.com
www.zuerich.com

Schweizer Mittelland Tourismus
Amthausgasse 4
CH-3000 Bern 7
Tel +41 (0)31 328 12 12
Fax +41 (0)31 328 12 88
info@smit.ch
www.smit.ch

Freiburg Tourismus und Region
Av. de la Gare 1
CH-1700 Fribourg
Tel +41 (0)26 350 11 11
Fax +41 (0)26 350 11 12
info@fribourgtourisme.ch
www.fribourgtourisme.ch

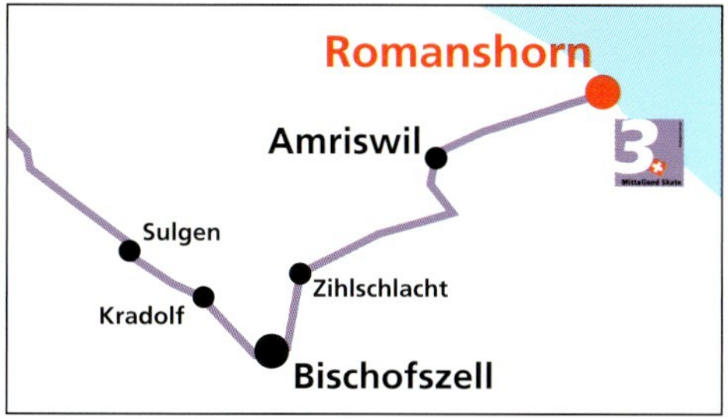

Romanshorn
Amriswil
Sulgen
Zihlschlacht
Kradolf
Bischofszell

Streckeninformation

LAND
Romanshorn
Weinfelden
124876

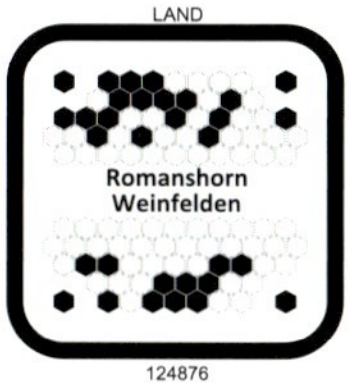

Start / Ziel

Anschluss Routen

3 Mittelland Skate

Netzwerk mit dem öffentlichen Verkehr
Zusammen mit der Regionalbahn THURBO AG wurde im Rahmen des Projektes Skater's Paradise ein enges Haltestellennetz signalisiert. Der 3 Mittelland Skate führt an allen Bahnhöfen und Haltestationen im Bereich der Route vorbei, was ein distanzmässig sehr unbeschwertes Rollen zulässt. Infos: www.thurbo.ch

Romanshorn–Kradolf: 20 km
Höhendifferenz: 95 Hm
Schwierigkeitsgrad: leicht–mittel

Sehenswürdigkeiten:
Romanshorn I Schloss Hagenwil

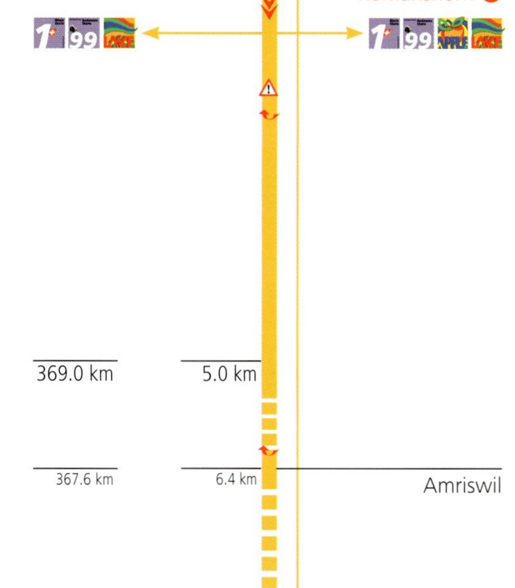

Thurgau Tourismus
Egelmoosstrasse 1
8580 Amriswil
Tel +41 (0)71 414 11 44
Fax +41 (0)71 414 11 45
info@thurgau-tourismus.ch
www.thurgau-tourismus.ch

Touristinformation

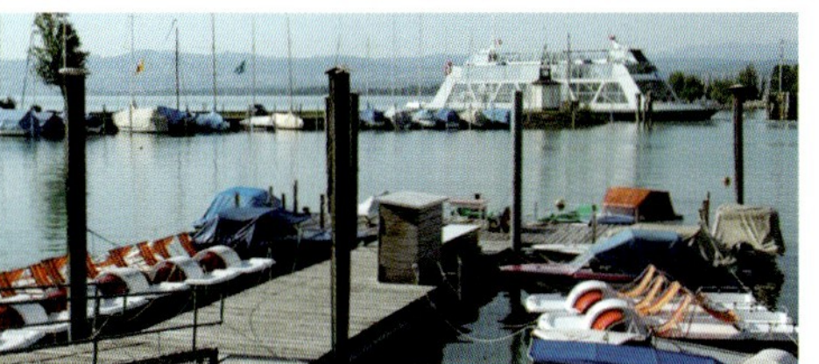

1 Erfrischender Fahrtwind gefällig? Als Heimathafen der Bodensee-Flotte bietet **Romanshorn (www.romanshorn.ch)** mit seinen Ausflugs- und Kursschiffen sowie der Bodensee-Fähre die wohl besten Möglichkeiten zu erlebnisreichen Schifffahrten. In Romanshorn selbst erwarten Sie Ruhe und Erholung, frische Seeluft und gemütliche Gastlichkeit mit kulinarischen (See-)Genüssen. Segeln, Surfen, Wasserskifahren, prächtig angelegte Quaianlagen mit einem wunderschönen Park oder das attraktive Seebad, direkt am See gelegen, lassen auch einen ausflugsfreien Tag zum Erlebnis werden.

Das klassische Bild des Thurgaus! In Seenähe führt der Weg durch die typischen Apfellandschaften, um dann in leicht coupiertem Gelände zum Schloss Hagenwil zu gelangen. Mittlere Anforderungen. Kenntnisse VRV notwendig.

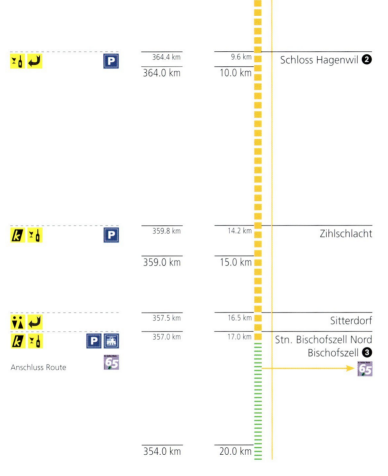

	364.4 km	9.6 km	Schloss Hagenwil ❷
	364.0 km	10.0 km	
	359.8 km	14.2 km	Zihlschlacht
	359.0 km	15.0 km	
	357.5 km	16.5 km	Sitterdorf
	357.0 km	17.0 km	Stn. Bischofszell Nord Bischofszell ❸
Anschluss Route 65			65
	354.0 km	20.0 km	

slowUp Euregio Bodensee (www.slowup-euregiobodensee.ch). Jeweils am letzten Augustsonntag gehören die Hauptstrassen den Genussradlern, Hobbyskatern und aktiven Familien, den Freizeitsportlern und allen Freunden der nicht motorisierten Mobilität. Ein Rundkurs von ca. 40 km wird für jeglichen motorisierten Verkehr gesperrt. Dabei bleibt genug Zeit, an den verschiedenen Festplätzen entlang der Strecke die kulinarischen sowie kulturellen Attraktionen zu geniessen.

❷ 1227 wird das **Schloss Hagenwil (www.schloss-hagenwil.ch)** erstmals in den Geschichtsbüchern erwähnt. Seit 1806 befindet es sich im Besitz der Familie Angehrn, welche es bei der Auflösung des Klosters St. Gallen käuflich erwerben konnte. Im Schloss befindet sich ein sehr schönes Ausflugsrestaurant.

❸ **Bischofszell** ist ein schmuckes Kleinzentrum im oberen Thurgau an der Grenze zum Kanton St. Gallen und am Zusammenfluss von Sitter und Thur gelegen. Für kürzere oder längere Ausflüge bietet Bischofszell viele Gelegenheiten. Im Süden breitet sich ein schöner Wald über den Bischofsberg mit gemütlicher Waldschenke aus, am Fuss des Städtchens windet sich die Thur durch Auenwälder. Der Fluss wird überspannt von der 500 Jahre alten sagenumwobenen Thurbrücke. Etwas weiter entfernt liegt das Naturschutzgebiet Hudelmoos und in dessen Nähe lädt das alte Wasserschloss Hagenwil zu einer Rast ein.

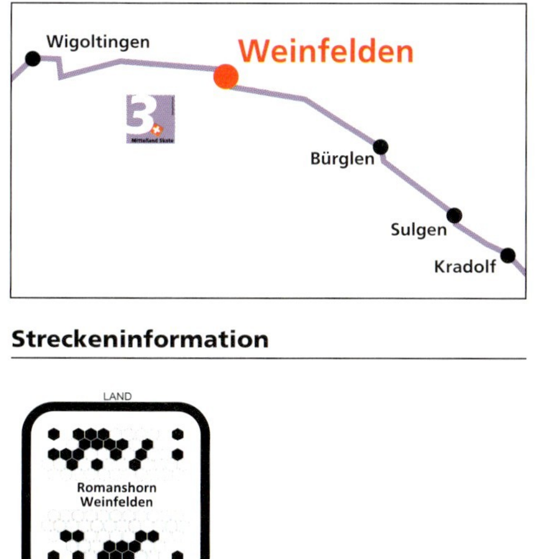

Kradolf–Wigoltingen: 20 km
Höhendifferenz: 95 Hm
Schwierigkeitsgrad: leicht–mittel

Sehenswürdigkeiten:
Weinfelden | LAS Inline Drom

Gemeinde Weinfelden
Frauenfeldstrasse 10
CH-8570 Weinfelden
Tel +41 (0)71 626 83 85
Fax +41 (0)71 626 83 86
kultur.tourismus@gemeinde.weinfelden.ch
www.weinfelden.ch

Streckeninformation

LAND
Romanshorn
Weinfelden
124876

3 Mittelland Skate

Netzwerk mit dem öffentlichen Verkehr
Zusammen mit der Regionalbahn THURBO AG wurde im Rahmen des Projektes Skater's Paradise ein enges Haltestellennetz signalisiert. Der 3 Mittelland Skate führt an allen Bahnhöfen und Haltestationen im Bereich der Route vorbei, was ein distanzmässig sehr unbeschwertes Rollen zulässt. Infos: www.thurbo.ch

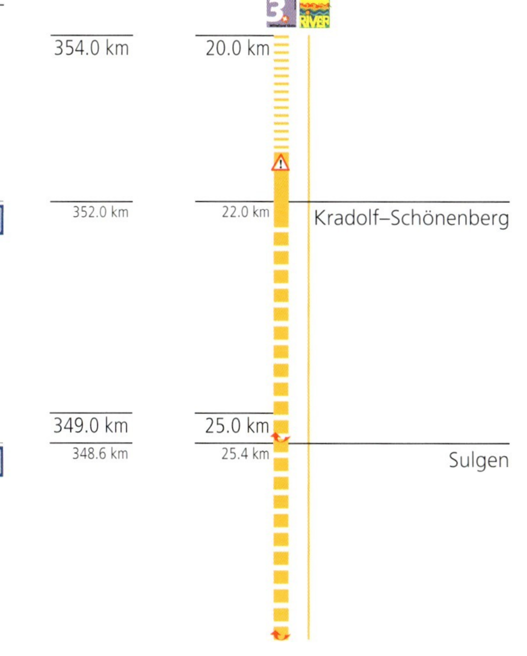

Touristinformation

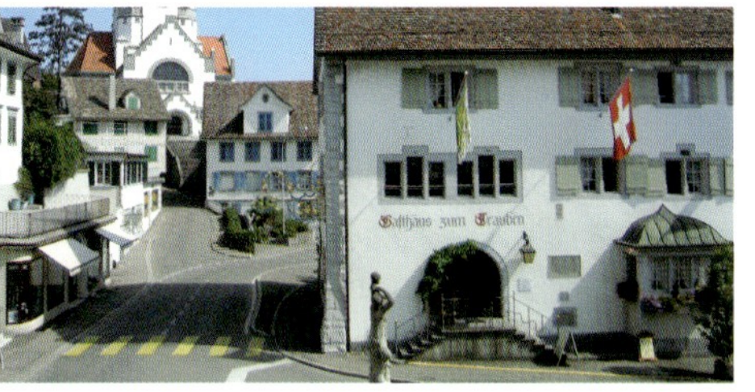

1 Weinfelden (www.weinfelden.ch) ist ein wichtiges internationales Zentrum für den Spitzen- und Breitensport im Inlineskating. Mit dem ersten überdachten Inlinedrom der Welt (www.las-inlinedrom.ch) hat Weinfelden ein klares Zeichen zugunsten der Inlinebewegung gesetzt. Der LAS Inlinedrom ist öffentlich zugänglich. Es werden regelmässig Kurse, Ausfahrten und Trainings für Anfänger und Fortgeschrittene angeboten und organisiert. Wer will, kann auf der Passerelle, die über die Rundbahn führt, auch einfach den Spitzencracks zuschauen, wenn sie ihre Runden zie-

TKB River Skate

Der TKB River Skate von Romanshorn bis Frauenfeld, eine der vier Routen von Skater's Paradise, ist auf seiner gesamten Länge Teil des Mittelland Skate. An Wochenenden muss auf der gesamten, sehr schönen Strecke auch mit Velos, Wanderern und motorisiertem Freizeitverkehr gerechnet werden.

LAND

Weinfelden
Winterthur

124886

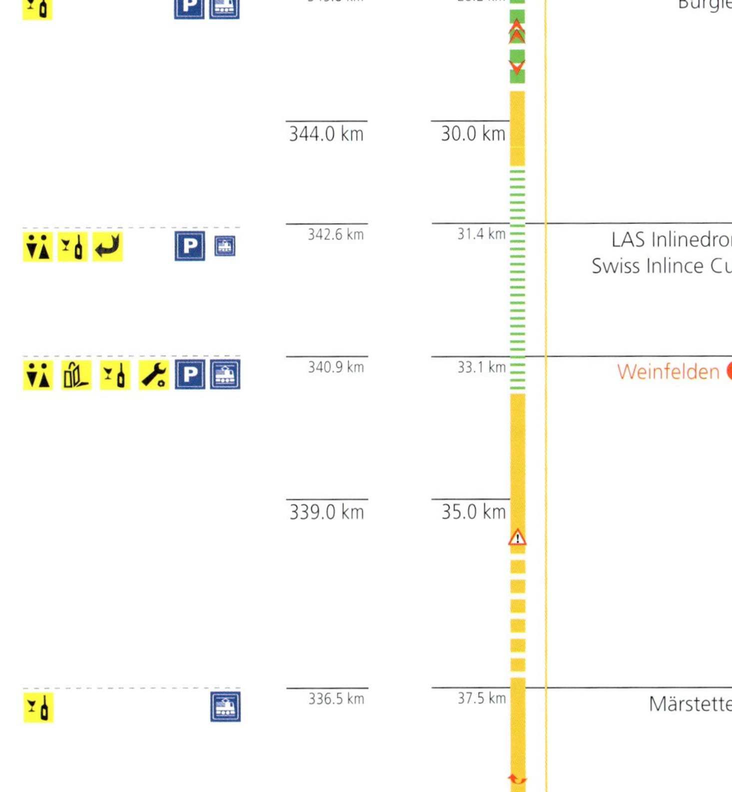

hen. Jeweils im Juni ist Weinfelden auch Zentrum des World Inline Cup, wenn die weltbesten Skater um Punkte für die Jahreswertung sprinten. 2009 ist zudem ein spezielles Jahr: Dann werden im LAS Inlinedrom die Bahnrennen der Weltmeisterschaft im Speed Skating durchgeführt **(www.rollsport-suisse.ch)**. Der LAS Inlinedrom liegt direkt am Mittelland Skate im Sportzentrum Güttingerreuti bei Kilometer 31.5. Am Südfuss des Ottenbergs gelegen, bietet Weinfelden als Zentrumsgemeinde mit historischem Ortskern aber noch viel mehr für seine Gäste. Ein umfassendes Einkaufs- und Dienstleistungsangebot, gepflegte Speiserestaurants und Cafés und innovative Weinbauern lassen einen so manche Perle entdecken.

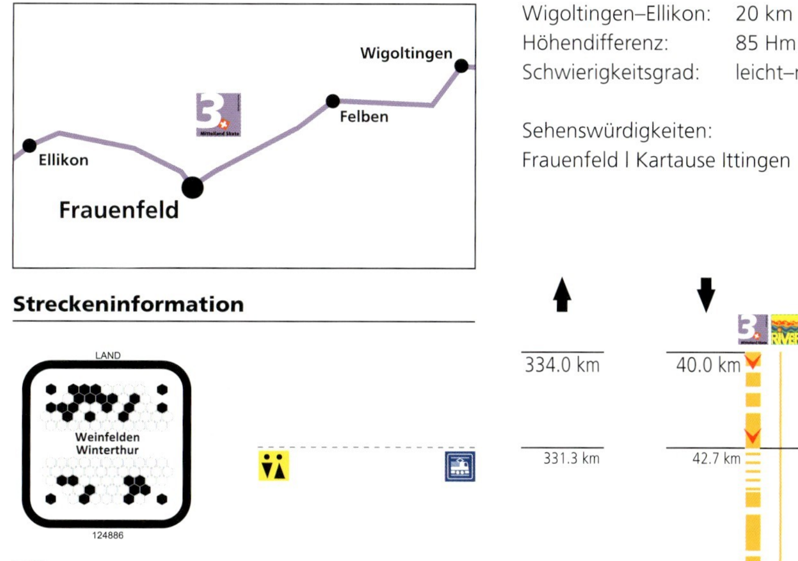

Wigoltingen–Ellikon: 20 km
Höhendifferenz: 85 Hm
Schwierigkeitsgrad: leicht–mittel

Sehenswürdigkeiten:
Frauenfeld | Kartause Ittingen

Tourist Service Regio Frauenfeld
Bahnhofplatz 75
Postfach
8501 Frauenfeld
Tel +41 (0)52 721 31 28
Fax +41 (0)52 722 10 64
tourismus@regiofrauenfeld.ch
www.frauenfeld.ch

Streckeninformation

LAND

Weinfelden
Winterthur

124886

3 Mittelland Skate

Netzwerk mit dem öffentlichen Verkehr
Zusammen mit der Regionalbahn THURBO AG wurde im Rahmen des Projektes Skater's Paradise ein enges Haltestellennetz signalisiert. Der 3 Mittelland Skate führt an allen Bahnhöfen und Haltestationen im Bereich der Route vorbei, was ein distanzmässig sehr unbeschwertes Rollen zulässt. Infos: www.thurbo.ch

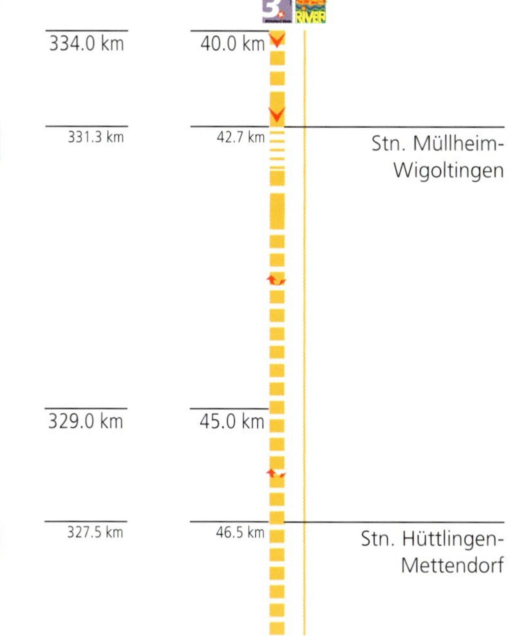

Touristinformation

❶ Egal, ob mit Bahn oder Auto angereist, für Skater und die übrigen Langsamverkehrsteilnehmer beginnt in **Frauenfeld (www.frauenfeld.ch)** der Einstieg ins «Paradise». Hier finden Skater einen idealen Umsteigepunkt vom öffentlichen oder individuellen Verkehrsmittel auf die offiziellen Routen von SchweizMobil und Skater's Paradise Thurgau. Der Mittelland Skate führt direkt am Bahnhof vorbei. Daneben bietet die ganze Region zahlreiche und einzigartige Möglichkeiten, sich auf den schnellen Rollen eine eigene und spannende Skaterroute zusammenzustellen. Der TKB River-Skate bietet die ausgebaute und signalisierte Piste ins Herz des Thurgaus, die durch ihre Reichhaltigkeit und Linienführung den Kanton so einmalig

TKB River Skate

Der TKB River Skate von Romanshorn bis Frauenfeld, eine der vier Routen von Skater's Paradise, ist auf seiner gesamten Länge Teil des Mittelland Skate. An Wochenenden muss auf der gesamten, sehr schönen Strecke auch mit Velos, Wanderern und motorisiertem Freizeitverkehr gerechnet werden.

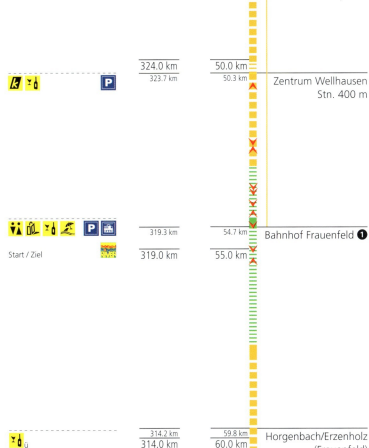

324.0 km	50.0 km		
323.7 km	50.3 km	Zentrum Wellhausen Stn. 400 m	
319.3 km	54.7 km	Bahnhof Frauenfeld ❶	Start / Ziel
319.0 km	55.0 km		
314.2 km	59.8 km	Horgenbach/Erzenholz (Frauenfeld)	ü
314.0 km	60.0 km		

macht. Viele Gasthöfe entlang der Route bieten dazu auch die Möglichkeiten der gepflegten Rast. In Frauenfeld selber finden Skater auf den vielen militärischen Fahrschulstrassen der Grossen Allmend ideale Voraussetzungen für Ausbildung, Trainingsläufe oder auch für einen wettkampfmässigen Vergleich. Die Grosse Allmend ist zwischenzeitlich für militärische Übungen gesperrt. Infos über tourismus@regiofrauenfeld.ch.

Die **Kartause Ittingen (www.kartause-ittingen.ch)** ist vom Bahnhof Frauenfeld mit dem Postauto einfach zu erreichen. Das ehemalige Kartäuser-Kloster und der Ort mit über 800 Jahren Geschichte zählt zu den wichtigsten Kulturdenkmälern der Schweiz. Mit der vollständigen Renovation und Wiedereröffnung im Jahre 1983 hat die Kartause Ittingen ihren Platz als Kulturzentrum mit Ausstrahlung in kultureller, spiritueller und kulturgeschichtlicher Hinsicht eingenommen und ist heute wieder eine Begegnungsstätte für Menschen aller Kulturen, Nationen und Religionen. Die Kartause beherbergt ein Restaurant, einen Gutsbetrieb mit eigener Käserei und eigenem Weinbau sowie das Kunstmuseum des Kantons Thurgau und das Ittinger Museum.

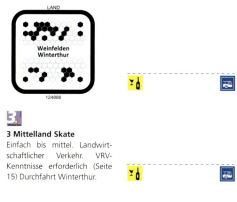

Rickenbach
Ellikon
Wiesendangen
Winterthur
Seen

Ellikon–Seen: 20 km
Höhendifferenz: 100 Hm
Schwierigkeitsgrad: leicht–schwierig

Sehenswürdigkeiten:
Winterthur | Technorama | Sportanlage Block

Streckeninformation

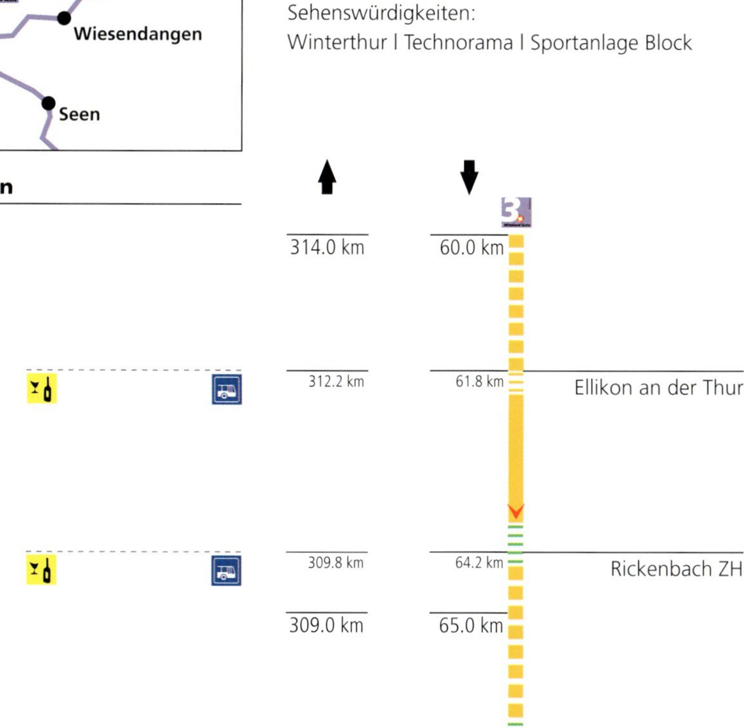

3 Mittelland Skate
Einfach bis mittel. Landwirtschaftlicher Verkehr. VRV-Kenntnisse erforderlich (Seite 15) Durchfahrt Winterthur.

Winterthur Tourismus
Hauptbahnhof
8401 Winterthur
Tel +41 (0)52 267 67 00
Fax +41 (0)52 267 68 58
tourismus@win.ch
www.winterthur-tourismus.ch

Touristinformation

❶ **Das Technorama – The Swiss Science Center (www.technorama.ch):** Lassen Sie sich entführen in die Wahrnehmung einer erstaunlichen Welt. Entdecken Sie Hunderte von Stationen: zum Berühren, Begreifen und Spielen. Was hier für Sie kreiert wurde, ist ein Fest der Sinne. Das einzige Science Center der Schweiz wird Sie fesseln, egal, wie fremd oder vertraut Ihnen Wissenschaft, Kunst und Technik erscheinen. Geöffnet Dienstag bis Sonntag, ganztags, das ganze Jahr.

❷ **Winterthur (www.winterthur.ch),** die sechstgrösste Stadt der Schweiz mit ihren rund 98 000 Einwohnern, wartet mit einer der grössten zusam-

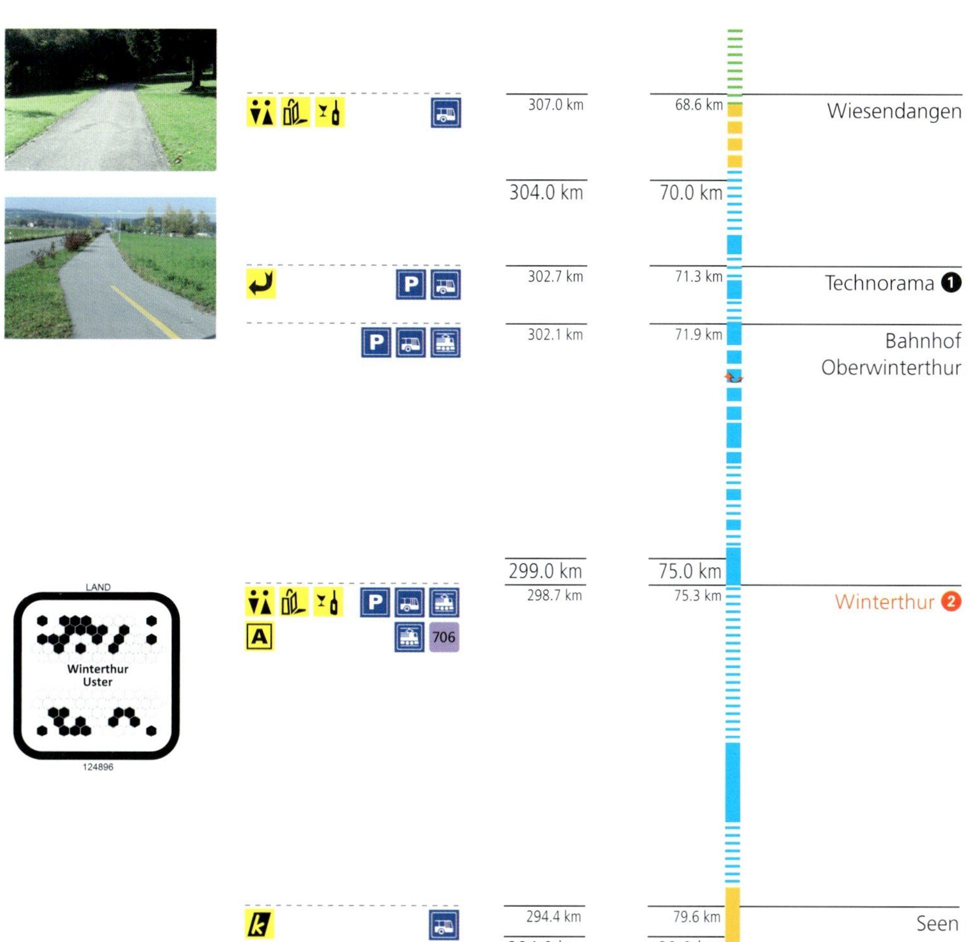

menhängenden Fussgängerzonen Europas auf. Das mittelalterliche Herz der Stadt pulsiert zu allen Tageszeiten. Läden, Restaurants, Märkte und Festivals beleben die historischen Mauern. Das vielfältige kulturelle Angebot, vom experimentellen Theater bis zum international berühmten Museum, begeistert alle Kulturinteressierten.

Die Sportanlage Block, ehemals «Block 37» (www.block.ch) befindet sich zusammen mit der Kartbahn Tempo-Drom in einer Fabrikhalle, die im 19. Jahrhundert von der Firma Sulzer erbaut und bis Mitte der Achtzigerjahre als Speditionshalle genutzt wurde. Der Block war ausgangs der Neunzigerjahre der Inbegriff des Freestyle Skating und Ausbildungsplatz der ersten Inline-Instruktoren der Schweiz. Heute ist die Gesamtanlage ein sehr beliebtes, professionell betreutes Familienfreizeitcenter mit breiten Kursangeboten.
Die Kartbahn Tempo-Drom und die Sportanlage Block betreiben in Zusammenarbeit mit dem Skateshop Sigsagsug, Swiss Volley und dem Schweizer Alpen-Club eine aktive Nachwuchsförderung und veranstalten regelmässig Wettkämpfe.

Ausflugstipp: Der Wildpark Bruderhaus (www.bruderhaus.ch) des Forstbetriebes der Stadt Winterthur ist ein wichtiges Naherholungsgebiet für Winterthur. Er ist Ort der Begegnung von Mensch und Natur. Der Wildpark Bruderhaus ist das ganze Jahr über geöffnet. Der Eintritt ist frei.

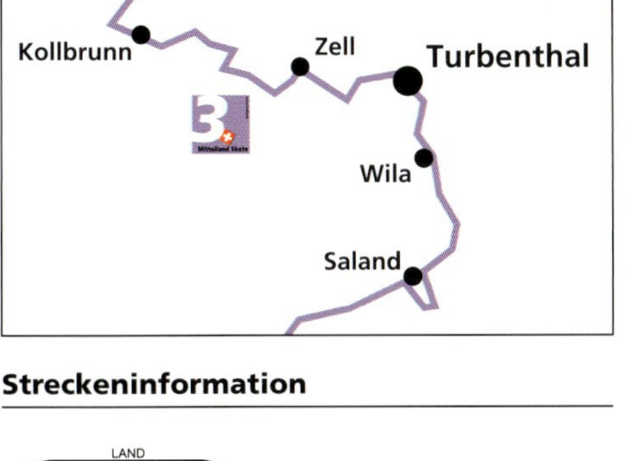

Seen–Saland: 20 km
Höhendifferenz: 40 Hm
Schwierigkeitsgrad: leicht–mittel

Sehenswürdigkeiten:
Schloss Kyburg | Wasserlehrpfad Töss 91

Winterthur Tourismus
Hauptbahnhof
8401 Winterthur
Tel +41 (0)52 267 67 00
Fax +41 (0)52 267 68 58
tourismus@win.ch
www.winterthur-tourismus.ch

Streckeninformation

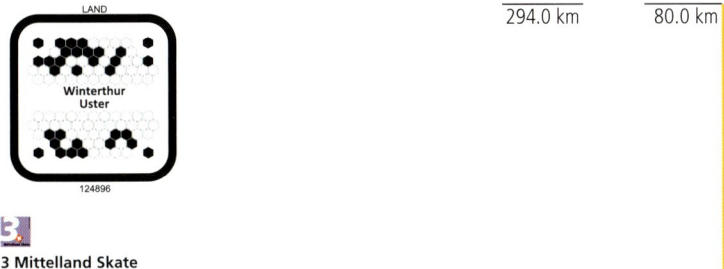

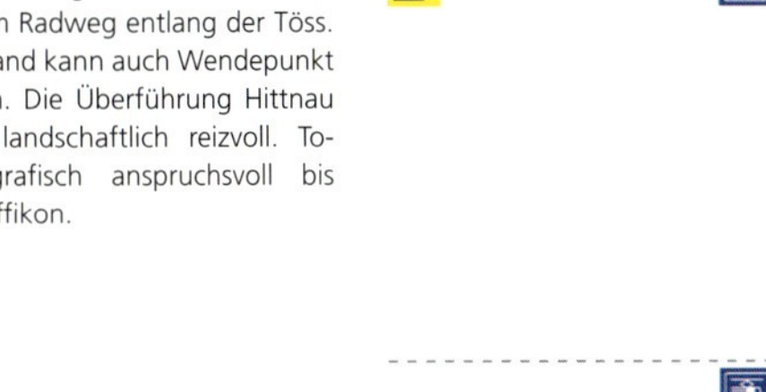

3 Mittelland Skate
Das Tösstal bis Saland gehört den Skatern! Der Weg führt mit wenigen Ausnahmen auf dem Radweg entlang der Töss. Saland kann auch Wendepunkt sein. Die Überführung Hittnau ist landschaftlich reizvoll. Topografisch anspruchsvoll bis Pfäffikon.

↑	↓	
294.0 km	80.0 km	
290.3 km	83.7 km	Kollbrunn
289.0 km	85.0 km	
287.0 km	87.0 km	Bahnhof Rikon

Touristinformation

Seit über 800 Jahren thront 150 Meter über der Töss das **Schloss Kyburg (www.schlosskyburg.ch)**. Noch heute ist die Macht, die sie ausstrahlt, spürbar. Sie war die Stammburg des Kyburger Grafengeschlechts, von hier liessen die Habsburger einen Teil der Vorlande verwalten, später residierten, regierten und richteten die Zürcher Landvögte in den herrschaftlichen Gemäuern. Das Museum Schloss Kyburg erzählt vom damaligen Leben auf der Burg. Streifen Sie durch die Burg vom Keller bis zum Dachboden, werfen Sie einen Blick auf ein rauschendes Ritterfest, hören Sie Geständnisse unter Folter oder probieren Sie ein mittelalterliches Schlupfgewand an.

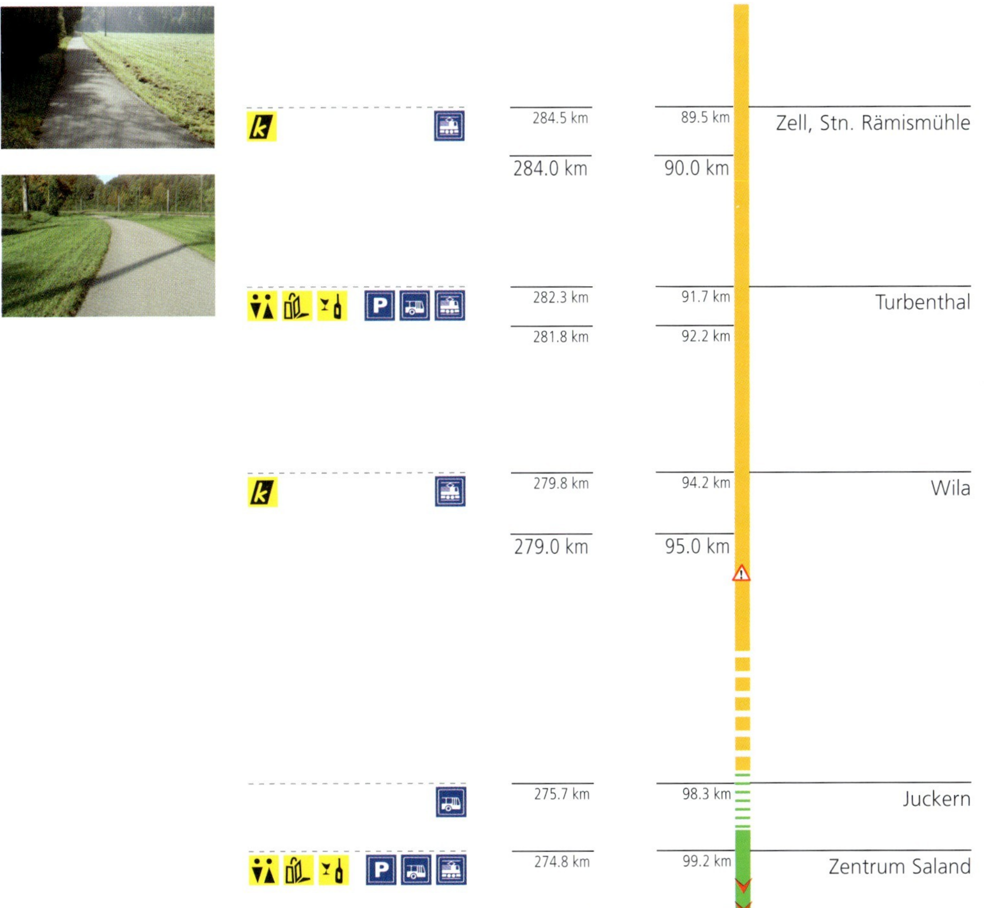

Öffentlicher Verkehr: S8 oder S7 nach Effretikon, nachher mit Bus 655 bis Kyburg, Gemeindehaus. S26 bis Sennhof-Kyburg und 45 Gehminuten. Wanderung: In 1 1/2 Stunden über den Eschenberg und die Tössbrücke hoch zur Kyburg (nicht skatebar).

In und an der Töss kann man nicht nur Erholung finden, sondern auch etwas lernen.
Der Wasserlehrpfad Töss 91 eignet sich wegen seiner Länge (ca. 20 km) besonders für Velofahrer und auch Skater! Tafeln entlang der Töss geben Hinweise auf die hydrologische, geologische und wasserwirtschaftliche Bedeutung des Flusses.

Die Töss bietet ein fantastisches Naherholungsgebiet für Jung und Alt. Vor allem der idyllische Radweg entlang den Flussufern lockt immer wieder begeisterte Familien, Biker und Skater ins Tösstal. Der Radweg führt über 45 Kilometer durch Wälder und über Felder entlang der Töss von Rapperswil bis nach Winterthur. Mehr Infos zu Fahrradtouren im Tösstal erfahren Sie unter www.trails4u.ch.

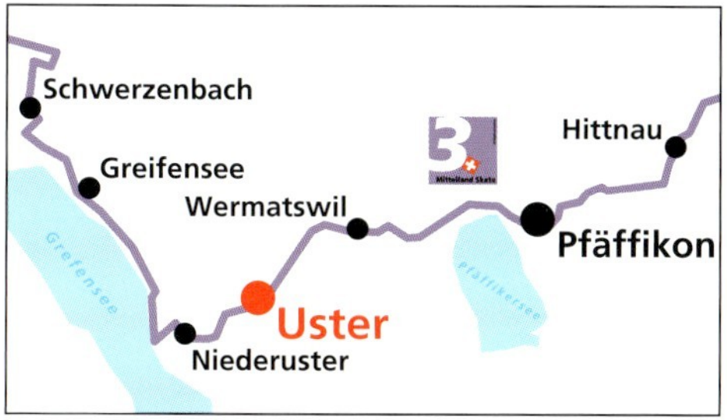

Schwerzenbach
Greifensee
Wermatswil
Hittnau
Pfäffikon
Uster
Niederuster

Saland–Schwerzenbach: 20 km
Höhendifferenz: 160 Hm
Schwierigkeitsgrad: leicht–schwierig

Sehenswürdigkeiten:
Hittnau | Pfäffikon

Streckeninformation

LAND
Winterthur
Uster
124896

3 Mittelland Skate
Die Überführung Hittnau ist landschaftlich reizvoll, doch topografisch sehr anspruchsvoll bis Pfäffikon. Rucksack mit Schuhen empfehlenswert. Kenntnisse VRV (Seite 15).

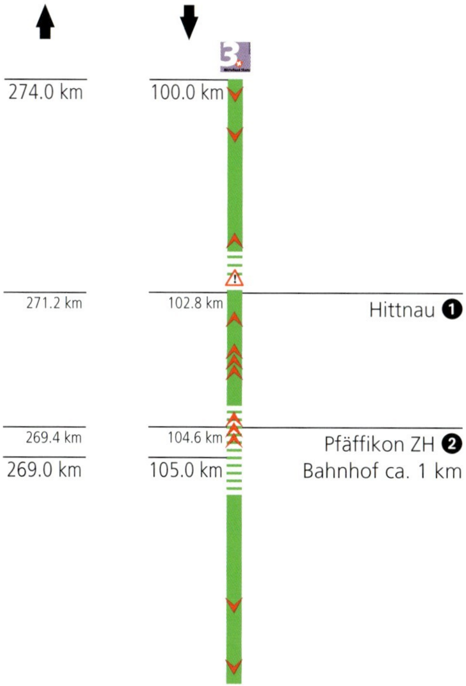

274.0 km	100.0 km	
271.2 km	102.8 km	Hittnau ❶
269.4 km	104.6 km	Pfäffikon ZH ❷
269.0 km	105.0 km	Bahnhof ca. 1 km

Uster Tourismus
c/o Uschter Reisen AG
Züricherstrasse 1
8610 Uster
Tel +41 (0)44 905 60 57
info@uster-tourismus.ch
www.uster-tourismus.ch

Touristinformation

❶ **Hittnau (www.hittnau.ch)** liegt an der alten Verbindungsstrasse vom Glatttal ins Tösstal oberhalb des Pfäffikersees. Diese Gegend wurde bereits in alemannischer Zeit besiedelt und gehörte im Mittelalter zur Grafschaft Kyburg. Aus dem 12. Jahrhundert stammte die Burg der Herren von Werdegg. 1444 wurde die Burg während des Alten Zürichkrieges zerstört. Ausser der Burgstelle erinnert nur noch der schwarze Adler im Gemeindewappen an jene herrschaftliche Zeit. Als Abwechslung lohnt sich der Jakob Stutz Bike- und Wanderweg. Dieser ist dem Volksdichter aus dem Zürcher Oberland gewidmet. Informationstafeln zeigen die geschichtlichen Hintergründe auf und geben Einblick in den Wirkungskreis von Jakob Stutz.

			Ort
	265.3 km	108.7 km	Wermatswil
	264.0 km	110.0 km	
	262.3 km	111.7 km	Bahnhof Uster
	259.8 km	114.2 km	Niederuster am Greifensee
	259.0 km	115.0 km	
	255.0 km	119.0 km	Greifensee
	254.6 km	119.4 km	
	254.0 km	120.0 km	Schwerzenbach

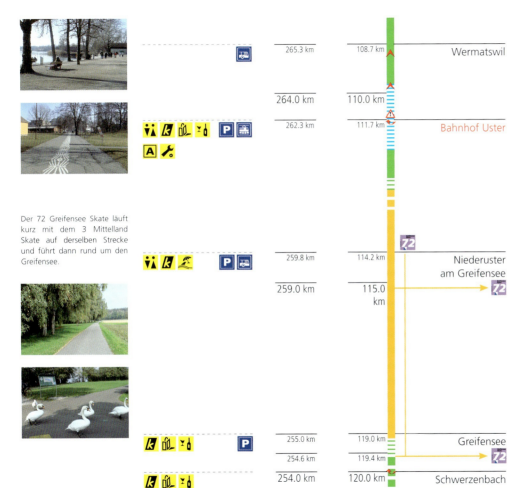

Der 72 Greifensee Skate läuft kurz mit dem 3 Mittelland Skate auf derselben Strecke und führt dann rund um den Greifensee.

❷ Der Pfäffikersee mit dem malerischen Quai liegt in einem Naherholungsgebiet, das weit über die Gemeindegrenzen hinaus bekannt ist. An schönen Tagen kann man auf dem Seerundweg die Natur eindrücklich erleben. So zieht das idyllische Naturschutzgebiet Menschen von nah und fern an. Die Gemeinde **Pfäffikon (www.pfaeffikon.ch)** erstreckt sich vom See hinauf bis zum Weiler Hermatswil, der nahtlos an das Tösstal anschliesst. Eingebettet in eine attraktive Landschaft liegt Pfäffikon an verkehrsgünstiger Lage im Zürcher Oberland. Der Bevölkerung von Pfäffikon liegt der Seequai besonders am Herzen. Hier trifft man sich an lauen Abenden zum Plaudern und Flanieren im kleinen Kreis oder feiert in der Dorfgemeinschaft die grossen Feste. Stellvertretend für viele Anlässe sei das Forellenfest erwähnt, an dem während eines Sommerabends an der grössten Fischpfanne Europas rund 2800 Forellen blau zubereitet und verspeist werden.

Ausflugstipp: Von Uster an der Hauptstrasse nach Wetzikon befindet sich das **Sauriermuseum Aathal (www.sauriermuseum.ch)**. Es ist eine der grössten Saurier-Sammlungen Europas: Echte Skelette aus eigener Grabung, Aktuelles zu Dinosauriern und anderen, faszinierenden Fossilien kann man hier bestaunen. Für Familien mit Kindern sehr geeignet. Mit den Skates bequem erreichbar.

Schwerzenbach-Glattbrugg: 20 km
Höhendifferenz: 30 Hm
Schwierigkeitsgrad: leicht–mittel

Sehenswürdigkeiten:
Fliegermuseum | Zürich Flughafen

Unique Flughafen Zürich
Postfach
CH-8058 Zürich-Flughafen
Tel +41 (0)43 816 22 11
Fax +41 (0)43 816 50 10
info@flughafen-zuerich.ch
www.unique.com
www.flughafen-zuerich.ch

Streckeninformation

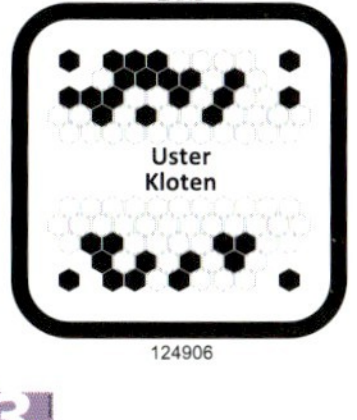

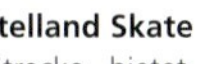

3 Mittelland Skate
Die Strecke bietet alles von leicht bis schwierig. Vorsicht ist in den Städten geboten! VRV-Kenntnisse empfohlen (Seite 15). Die gute ÖV-Vernetzung hilft bei schwierigen Abschnitten.

↑	↓	
254.0 km	120.0 km	
249.7 km	124.3 km	Dübendorf
249.0 km	125.0 km	Fliegermuseum ❶
246.6 km	127.4 km	Brüttisellen Einkaufszentrum

Touristinformation

❶ Das Museum der schweizerischen Fliegertruppen, das **Fliegermuseum in Dübendorf (www.ju-air.ch),** liegt direkt an der 3 Mittelland Route. Es nahm 1978 in alten Hangars aus dem 1. Weltkrieg seinen Anfang. 1988 wurde es mit der neuen Flugzeughalle baulich stark erweitert. Es veranschaulicht die Geschichte der Schweizer Flugwaffe von den Anfängen bis zur Gegenwart. 32 Flugzeuge aus der Zeit zwischen 1915 und 1979 sind zu sehen, aber auch die in Fachkreisen weltweit bekannte, grosse Flugmotorensammlung, zahlreiche Spezialsammlungen und Wechselausstellungen: Das Museum zählt zu den meistbesuchten der Schweiz.
Im Fliegermuseum hat die JU-AIR ihren Sitz. Sie organisiert während des Sommerhalbjahres mit drei aus den Dreissigerjahren stammenden JU-52-Maschinen die beliebten zivilen Nostalgieflüge. Öffnungszeiten: Dienstag bis Freitag 13.30–17.00, Samstag 09.00–17.00, Sonntag 13.00–17.00 Uhr.

Städtische Agglomerationen und Naherholungsgebiete. Auf der ganzen Strecke sehr gut ausgebaute Fuss- und Radwege. Beim Flugplatz Dübendorf das Fliegermuseum unbedingt besuchen. Auf dem Airport Zürich-Kloten über Unique die grosse Rundfahrt buchen. Ein Must! Nicht nur für Aviatikfreaks!

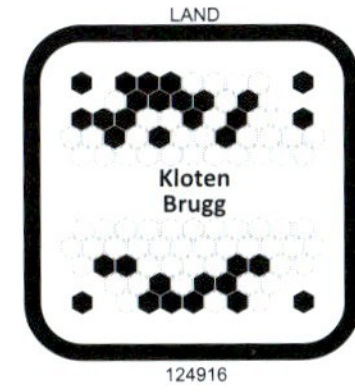

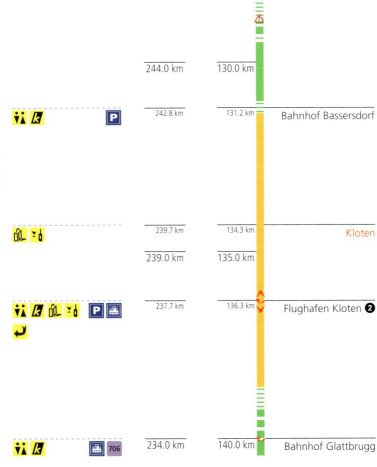

244.0 km	130.0 km		
242.8 km	131.2 km	Bahnhof Bassersdorf	P
239.7 km	134.3 km	Kloten	
239.0 km	135.0 km		
237.7 km	136.3 km	Flughafen Kloten ❷	P
234.0 km	140.0 km	Bahnhof Glattbrugg	706

❷ Flughafen Zürich, Unique (www.unique.ch.) Ein persönlicher Einblick ist durch nichts zu ersetzen! Wer einmal die prickelnde Stimmung rund um die internationale Fliegerei in Kloten erlebt hat, wird sich ihrer Faszination nie mehr ganz entziehen können. Es gibt eine riesige Palette von möglichen Führungen, die vom Visitor Service der Flughafenbetreiberin Unique (Flughafen Zürich AG) und den Flughafenpartnern organisiert werden. Auf die grosse Rundfahrt wird jeder zum Flughafenexperten. Besonders eindrucksvoll ist der Flughafen am Pistenkreuz, wo die Besucher den Rundfahrtbus verlassen und den Jets von ganz nah beim Abheben zusehen können. Wenn Sie mit dem Rundfahrtenbus den Riesen der Lüfte um die Nase kurven, erfahren Sie beiläufig über Mikrofon eine Menge Wissenswertes über den Flughafen Zürich. Die 1¼-stündige, kommentierte Busfahrt zieht über das Vorfeld, vorbei an den Docks A und B, dem Airside Center und durch den Tunnel unter der Piste 28 zum Dock E. Natur und Technik als gute Nachbarn erleben die Besucher bei der Fahrt durch das schützenswerte Naturgebiet zwischen den Pisten. Die Rega, die Fracht- und Werftanlagen, der Werkhof, die Berufsfeuerwehr und der Rettungsdienst sind weitere Höhepunkte der Rundfahrt.

Glattbrugg–Otelfingen:	20 km
Höhendifferenz:	80 Hm
Schwierigkeitsgrad:	leicht–mittel

Sehenswürdigkeiten:
Zürich | Zoo Zürich | Regenwaldhalle

Zürich Tourismus
Stampfenbachstrasse 52
Postfach
CH-8021 Zürich
Tel +41 (0)44 215 40 00
Fax +41 (0)44 215 40 44
information@zuerich.com
www.zuerich.com

Streckeninformation

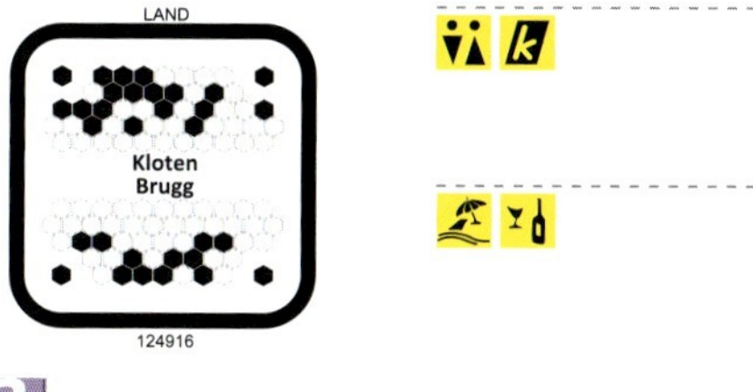

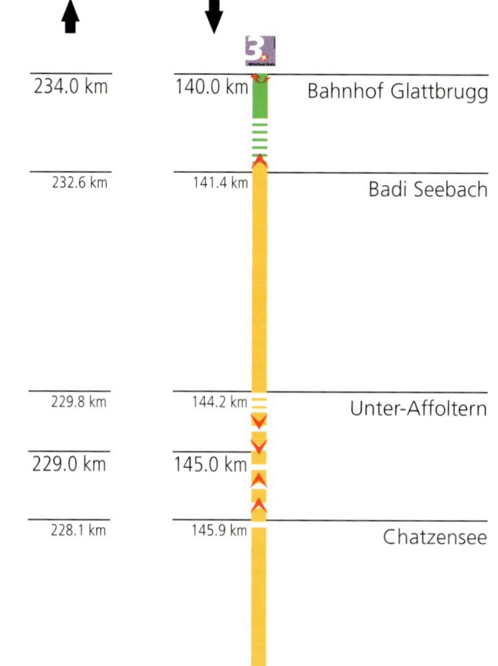

3 Mittelland Skate
Die Strecke bietet alles von einfach bis mittel. Vorsicht ist in den Städten geboten! VRV-Kenntnisse empfohlen (Seite 15). Die gute ÖV-Vernetzung hilft bei schwierigen Abschnitten.

Städtische Agglomerationen und Naherholungsgebiete. Auf der ganzen Strecke sehr gut ausgebaute Fuss- und Radwege.

Touristinformation

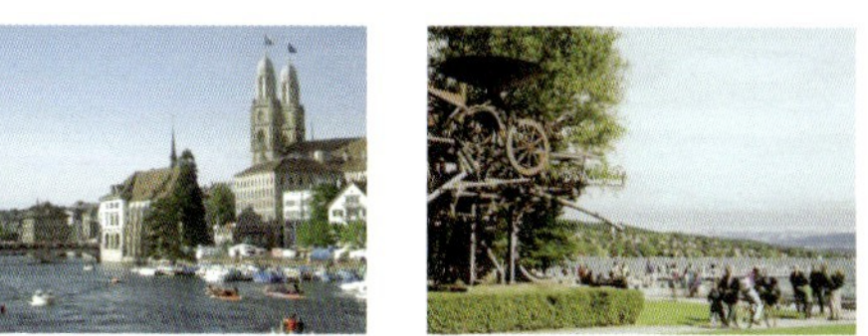

Zürcher Highlights! (www.zurichtourism.ch)
Wer schon einmal hier ist, sollte es sich nicht nehmen lassen, das, was ihn interessiert, herauszupicken. Wer mit offenen Augen unterwegs ist, kann Zürichs lebendige und bewegte Geschichte anhand der Zeugnisse der Vergangenheit erahnen. Tauchen Sie ein in die gut erhaltene Altstadt, spüren Sie prominent platzierte und versteckte Sehenswürdigkeiten auf und geniessen Sie die Panoramen verschiedener Aussichtspunkte: Alle Zürcher Highlights auf einen Blick. Empfehlenswert: Stadtführungen von Zürich Tourismus – vom klassischen Altstadtbummel bis zu Spezialthemenbummeln. Die Ausflugsprogramme dauern zwischen 2 und 4 Stunden.

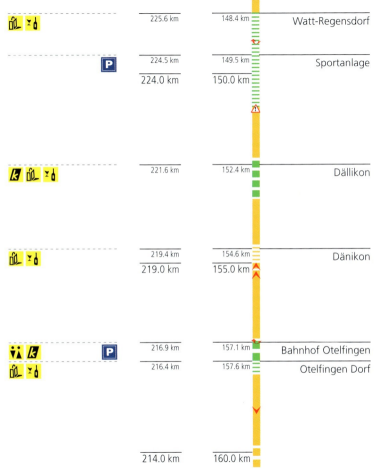

225.6 km	148.4 km	Watt-Regensdorf
224.5 km	149.5 km	Sportanlage
224.0 km	150.0 km	
221.6 km	152.4 km	Dällikon
219.4 km	154.6 km	Dänikon
219.0 km	155.0 km	
216.9 km	157.1 km	Bahnhof Otelfingen
216.4 km	157.6 km	Otelfingen Dorf
214.0 km	160.0 km	

Zoo Zürich (www.zoo.ch). Der Zoo ist ein Kulturbotschafter zwischen Mensch, Tier und Natur. Es werden alle Bevölkerungskreise auf attraktive und erlebnisreiche Art und Weise angesprochen. Der nachhaltige Fortbestand der biologischen Vielfalt gehört zu den Zielen des Zoos. Die Aktivitäten entwickeln die Zoomacher ausgehend von einer innovativen, wirtschaftlichen Führung und zukunftsgerichteten, nachhaltigen Finanzierungen. Dabei setzen sie gezielt auf das breite öffentliche Interesse am attraktiven Zoo und nutzen die immer engere Zusammenarbeit im weltweiten Netz der zoologischen Gärten.

Ein international bekanntes Highlight ist die **Regenwaldhalle (www.masoala.ch)**. Mit dem Masoala Regenwald schafft der Zoo Zürich eine direkte Verbindung zu seinem Naturschutzprojekt auf Madagaskar. Die Ökosystemhalle im Zoo Zürich versucht die natürlichen Zusammenhänge von Tier- und Pflanzenleben ausserhalb des Ursprungsgebietes erlebbar zu machen und den Besuchern so die Gelegenheit zu geben, den Lebensraum vieler aussergewöhnlicher Arten mit allen Sinnen wahrzunehmen.

Madagaskar hat eine einzigartige Tier- und Pflanzenwelt. Die fortschreitende Abholzung der Regenwälder bedroht die meisten dieser Arten. Madagaskar ist aber nicht nur einer der Hauptschauplätze der Naturzerstörung, sondern auch ein Schwerpunkt für Bemühungen, dieser Zerstörung Einhalt zu gebieten.

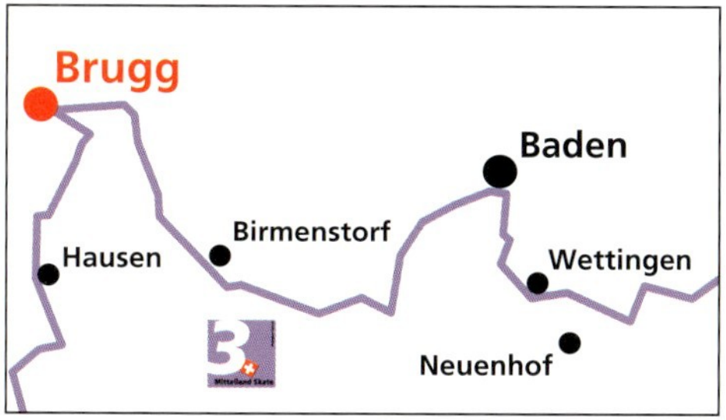

Brugg
Baden
Birmenstorf
Hausen
Wettingen
Neuenhof

Otelfingen–Hausen: 20 km
Höhendifferenz: 110 Hm
Schwierigkeitsgrad: leicht–schwierig

Sehenswürdigkeiten:
Baden | Vindonissa | Klosterkirche Königsfelden | Brugg

Tourismus Region Brugg
Zurzacherstrasse 53
CH-5200 Brugg
Tel +41 (0)56 441 23 65
Fax +41 (0)56 442 30 20
www.regionbrugg.ch

Streckeninformation

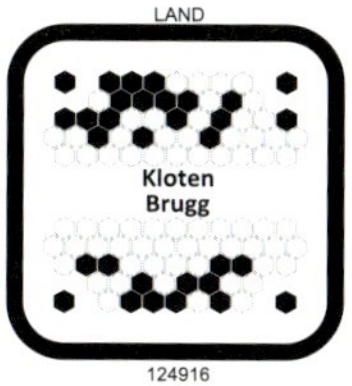

LAND
Kloten
Brugg
124916

3 Mittelland Skate
Einige Ortsdurchfahrten. Kenntnisse der Verkehrsregelverordnung von Vorteil (Seite 15).

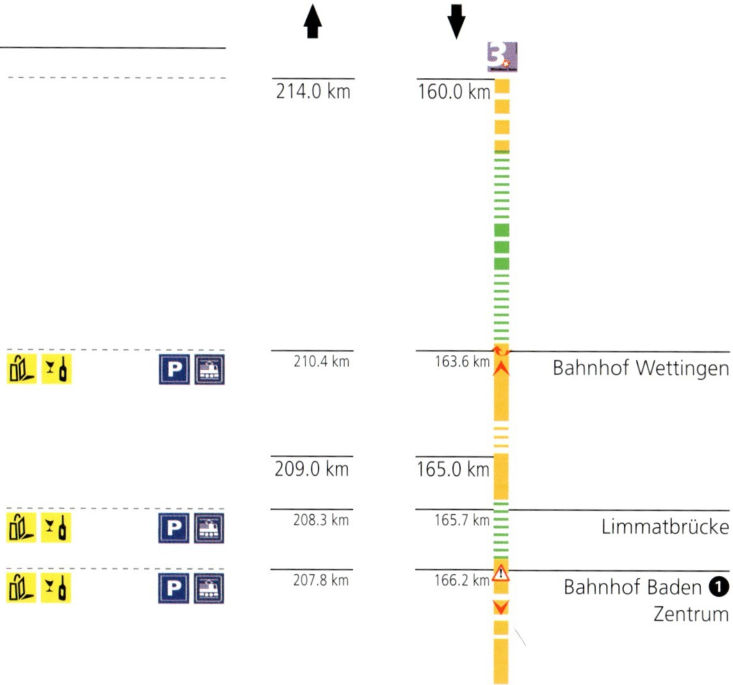

214.0 km	160.0 km	
210.4 km	163.6 km	Bahnhof Wettingen
209.0 km	165.0 km	
208.3 km	165.7 km	Limmatbrücke
207.8 km	166.2 km	Bahnhof Baden ❶ Zentrum

Touristinformation

❶ Schon die Römer erfreuten sich an den gesunden, 47 Grad warmen Thermalquellen in **Baden (www.baden.ch)**. Das öffentliche Thermalbad wie auch die Bade- und Wellnesshotels liegen unten an der Limmat. Einladend ist auch ein Bummel durch die engen Gässchen der Badener Altstadt. Der Mittelland Skate führt über die Limmatbrücke.

❷ **Brugg:** Den strategisch wichtigen Aareübergang benutzten bereits die alten Römer. Der schwarze Turm und die malerische Altstadt legen bis heute Zeugnis ab von der Bedeutung dieser **«Brugg» (www.brugg.ch)**. Die spätmittelalterliche Brückenstadt strahlt mit ihren kleinen Gassen und Plätzen einen besonderen Charme aus. Auf einem Spaziergang oder einer Stadtführung kann man mehr über ihre Geschichte erfahren.

❸ **Klosterkirche Königsfelden (www.koenigsfelden.ch).** Bereits um 1309 liess Königin Elisabeth an der Stelle, wo ihr Gemahl, König Albrecht, der

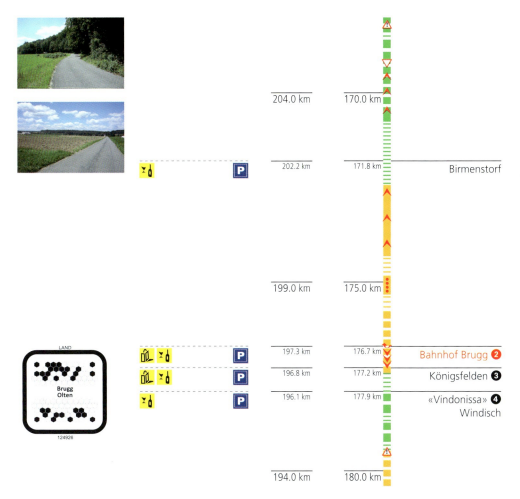

204.0 km	170.0 km		
202.2 km	171.8 km	Birmenstorf	P
199.0 km	175.0 km		
197.3 km	176.7 km	Bahnhof Brugg ❷	P
196.8 km	177.2 km	Königsfelden ❸	P
196.1 km	177.9 km	«Vindonissa» ❹ Windisch	P
194.0 km	180.0 km		

LAND

Brugg
Olten

124926

Bluttat zum Opfer fiel, eine Gedächtniskapelle und ein Haus für zwei Brüder erbauen. Mit dem Bau der Kirche wurde zwei Jahre nach dem Königsmord begonnen. Die klare und strenge architektonische Gesamterscheinung der Königsfelder Kirche ist das Ergebnis einer umfassenden Gesamtplanung. Es ist immer wieder dieselbe geometrische Grundfigur – das gleichschenklige Dreieck –, die in zahllosen Grössenvarianten eine ordnende und gliedernde Funktion ausübt.

❹ **Das Amphitheater Vindonissa** in Windisch lässt erahnen, wie gross die römische Garnisonsstadt Vindonissa einmal gewesen sein muss. Das Vindonissa-Museum in Brugg wird komplett erneuert. Eröffnung Herbst 2008. Führungen sind möglich. Informationen unter www.vindonissa.ch. Das römische Legionslager Vindonissa fasste zeitweise bis zu 6000 Soldaten. Die Lagerbauten sind heute verschwunden, doch machen neben dem Vindonissa-Museum in Brugg auch die Fundamente ehemaliger Lagertore sowie das Amphitheater Geschichte erlebbar. Das Amphitheater Vindonissa ist das grösste und besterhaltene der Schweiz.

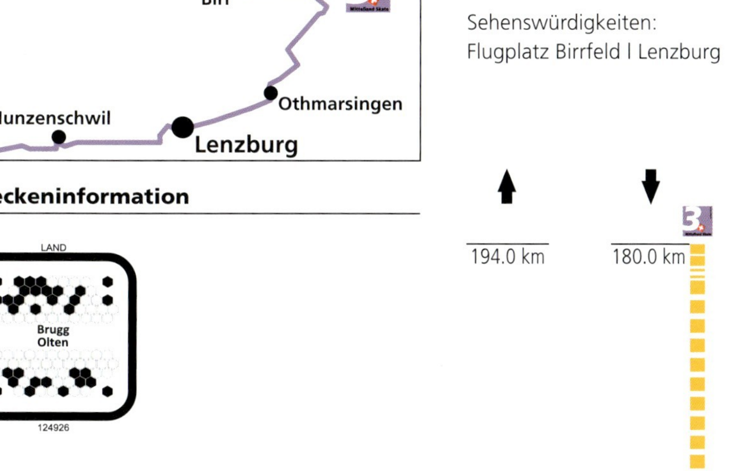

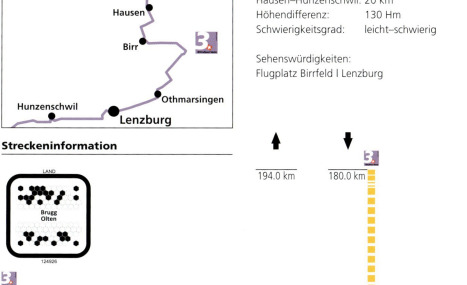

Hausen–Hunzenschwil: 20 km
Höhendifferenz: 130 Hm
Schwierigkeitsgrad: leicht–schwierig

Sehenswürdigkeiten:
Flugplatz Birrfeld | Lenzburg

Streckeninformation

3 Mittelland Skate
Das Birrfeld ist ein geeignetes Naherholungsgebiet für Skater.

194.0 km | 180.0 km

190.8 km | 183.2 km — Stn. Lupfig, Bahnhof ca. 800 m

189.0 km | 185.0 km

188.2 km | 185.8 km — Birrfeld ❶, Flugplatz ca. 1 km

Tourismus Lenzburg
Kronenplatz 24
CH-5600 Lenzburg
Tel +41 (0)62 886 45 46
Fax +41 (0)62 886 45 35
tourismus@lenzburg.ch
www.lenzburg.ch

Touristinformation

❶ **Der Flugplatz Birrfeld (www.birrfeld.ch)** ist der grösste private Flugplatz der Schweiz. Mit seiner sehr familienfreundlichen Infrastruktur mit Restaurant und grossem Spielplatz bietet er ein gutes Gelände, um die ersten Schritte auf den Rollen zu versuchen. Das Birrfeld ist auch der ideale Ausgangspunkt für Entdeckungen unseres Landes aus der Luft.

❷ Wer das Schweizer Mittelland mit der Bahn oder mit dem Auto durchquert, dem ist Lenzburg (www.lenzburg.ch) ein Begriff. Das **Schloss Lenzburg** auf dem markanten Felsen ist das Wahrzeichen der Stadt. Das Schloss ist denn auch ein wichtiger Teil der Lenzburger Identität, aber auch Anziehungspunkt für den Tourismus. Die Schönheit und die vielen Vorzüge der charmanten Kleinstadt bleiben dem durchfahrenden Reisenden jedoch vielfach verborgen. Es lohnt sich also ein Halt, um die liebenswerte Kleinstadt zu entdecken.

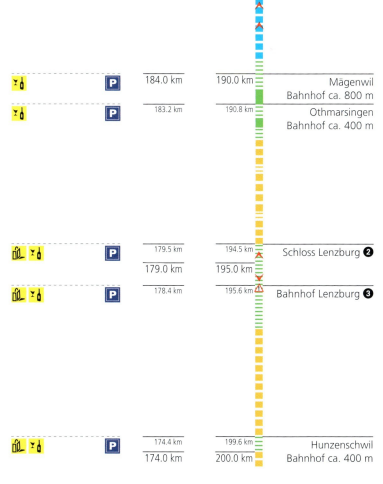

P	184.0 km	190.0 km	Mägenwil Bahnhof ca. 800 m
P	183.2 km	190.8 km	Othmarsingen Bahnhof ca. 400 m
P	179.5 km	194.5 km	Schloss Lenzburg ❷
	179.0 km	195.0 km	
P	178.4 km	195.6 km	Bahnhof Lenzburg ❸
P	174.4 km	199.6 km	Hunzenschwil Bahnhof ca. 400 m
	174.0 km	200.0 km	

❸ Die Lenzburg (www.schlosslenzburg.ch) zählt zu den ältesten und bedeutendsten Höhenburgen der Schweiz. Der schlossbewehrte Molassehügel erhebt sich am Einmündungspunkt eines vom Hallwilersee in die Aareebene führenden Seitentals. Erstmals erwähnt wurde das Schloss 1036 als Stammsitz der Grafen von Lenzburg. 1137 ging die Burg in Erbfolge an Kaiser Friedrich Barbarossa und dann zuerst als Lehen und schliesslich als Eigentum an die Kyburger über. 1804 wird das Schloss Eigentum des Kantons Aargau, welcher nicht recht weiss, was er mit der Anlage anfangen soll. Deshalb erlebt die Burg von da an bis 1860 ein wechselvolles Schicksal. Unter A. E. Jessup wird das Schloss 1893 umfassend renoviert. 1956 erwerben Kanton Aargau und **Stadt Lenzburg** das Schloss von der Witwe von Lincoln Ellsworth und errichten die Stiftung Schloss Lenzburg. Heute ist hier das Historische Museum des Kantons Aargau untergebracht.

Als aargauische und schweizerische Stätte der menschlichen Begegnung und der geistigen Auseinandersetzung ist das Museum nach dem Aargauer Diplomaten Philipp Albert Stapfer, 1766–1840, benannt.

1. April–31. Oktober, Dienstag bis Sonntag und allgemeine Feiertage von 10–17 Uhr.
Montags und 2. Freitag im Juli geschlossen (Jugendfest).

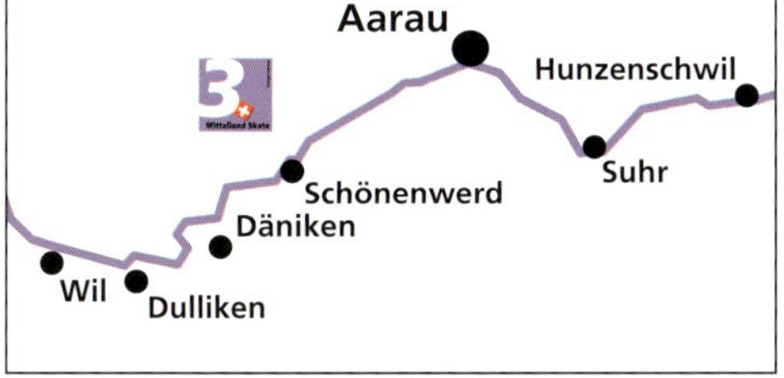

Hunzenschwil–Wil: 20 km
Höhendifferenz: 110 Hm
Schwierigkeitsgrad: leicht–schwierig

Sehenswürdigkeiten:
Aarau | Aargauer Kunsthaus | Färberplatz

Aargau Tourismus
c/o aarau info
Graben 42
CH-5001 Aarau
Tel +41 (0)62 824 76 24
Fax +41 (0)62 824 77 50
info@aargautourismus.ch
www.aargautourismus.ch

Streckeninformation

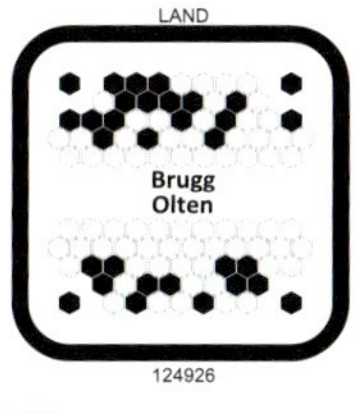

3 Mittelland Skate
Aufenthalt in der Kyburgerstadt Aarau einplanen. Gute Belagsqualitäten. In der Altstadt Aarau allerdings Pflastersteine. Für eine Besichtigung Rucksäckli mitnehmen. Kenntnisse der Verkehrsregelverordnung VRV empfohlen (Seite 15).

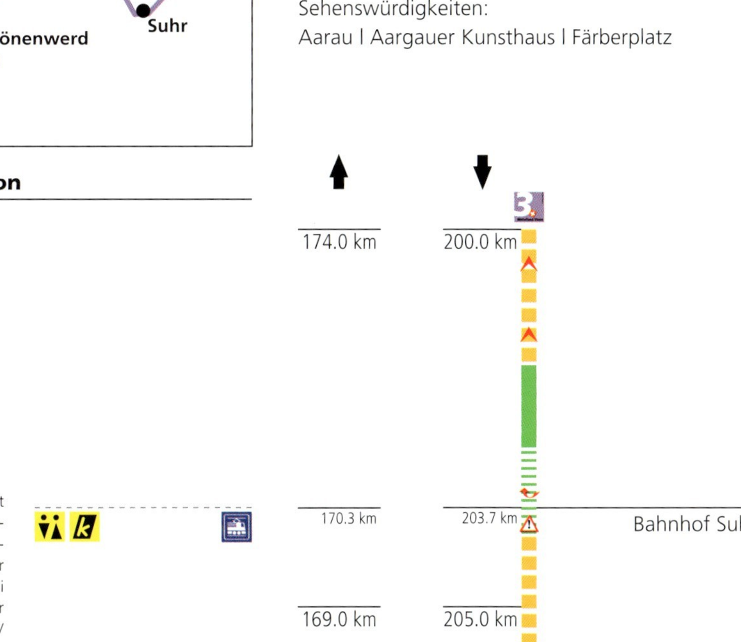

Touristinformation

❶ **Aarau (www.aarau.ch)**. Die Kyburgerstadt wurde 1250 gegründet. Da die Gässchen der sehenswerten Altstadt mehrheitlich gepflastert sind, empfiehlt sich ein Rundgang zu Fuss, zum Beispiel ins Museum Alt Aarau im Schlössli oder in den engen Gassen mit den schmucken Reihenhäusern, deren reich verzierte Giebel dem Warenaufzug dienten und so bis heute von den alten Handwerksberufen Zeugnis ablegen.

Die erste Stadtmauer (13. Jahrhundert, Gründung durch die Grafen von Kyburg), im Grundriss leicht unregelmässig, umgürtet vier «Stöcke», wie man sie in Aarau nennt.

In den Stöcken stehen die Häuser mit der Hauptfassade zur Strasse, im Zentrum der Gevierte liegen Hinterhöfe und Ehgräben. Die Rathausgasse und die Kirchgasse / Kronengasse bilden ein Strassenkreuz. Heute zeigt sich die Altstadt als gut erhaltenes Stadtzentrum mit weitgehend spätgotischen Häusern. Das **Aargauer Kunsthaus** am Aargauerplatz ist ein guter Tipp für alle Kunst- und Ar-

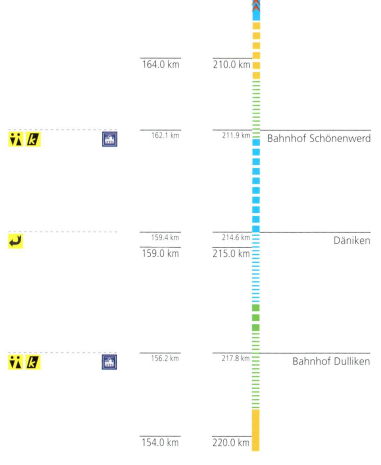

164.0 km | 210.0 km

162.1 km | 211.9 km | Bahnhof Schönenwerd

159.4 km | 214.6 km | Däniken

159.0 km | 215.0 km

156.2 km | 217.8 km | Bahnhof Dulliken

154.0 km | 220.0 km

chitekturliebhaber. Erbaut wurde es als kantonales Kunstmuseum. Ursprünglicher Bau eingeweiht 1959. Der Erweiterungsbau durch Herzog & de Meuron wurde 2003 eingeweiht. Das Aargauer Kunsthaus enthält die Aargauische Kunstsammlung. Sie ist eine der schönsten und umfassendsten öffentlichen Sammlungen von neuerer Schweizer Kunst. Anhand repräsentativer und qualitativ hochstehender Werke kann hier der Weg der Schweizer Kunst vom ausgehenden 18. Jahrhundert bis zur Gegenwart verfolgt werden. Man kann fast von einer «heimlichen Nationalgalerie» sprechen. Ein weiteres architektonisches Highlight ist die **Markthalle Färberplatz.** Ein der Stadtstruktur folgender moderner Holzbau mit geknicktem Körper. Erbaut 2001/02 durch Quintus Miller & Paola Maranta, Basel. In seiner Gestalt erinnert er an die Räume mittelalterlicher Korn- oder Zeughäuser. Dank der eng nebeneinander gestellten, lammellenartigen Stützen ergibt sich die Wechselwirkung eines offenen und geschlossenen Raumes. Der Bau wurde mit dem Aargauer Heimatschutzpreis 2002 ausgezeichnet.

Wil–Kestenholz: 20 km
Höhendifferenz: 90 Hm
Schwierigkeitsgrad: leicht–schwierig

Sehenswürdigkeiten:
Olten | Wertpapierwelt | Museums-Welten in Olten | Langenbrugg | Kernkraftwerk

Tourismus Region Olten
Klosterplatz 21
CH-4601 Olten
Tel +41 (0)62 212 30 88
info@oltentourismus.ch.ch
www.oltentourismus.ch

Streckeninformation

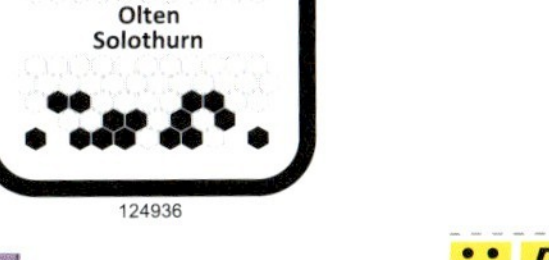

3 Mittelland Skate
Eine typische Mittelland-Strecke: Lang gezogene Geraden auf Nebenstrassen und Radwegen, abwechslungsreich. Regelmässige, signalisierte ÖV-Anschlüsse.

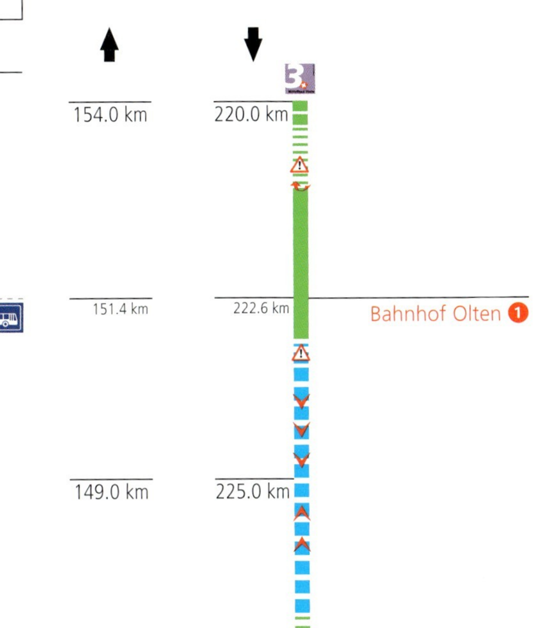

Touristinformation

1 Olten (www.olten.ch) ist eine Gründung der Grafen von Froburg. Heute ist Olten vor allem als Bahnknotenpunkt und Kongresszentrum bekannt. Die von einer bewohnten Stadtmauer eingezäumte, verkehrsfreie Altstadt ist durchaus sehenswert. In und um Olten gibt es aber viele interessante Geschichten und Wissenswertes zu erleben. In der **Wertpapierwelt (www.wertpapierwelt.ch)** erleben Sie einen historischen Einblick in die faszinierende Geschichte der Wertpapiere. Originaldokumente aus der ganzen Welt von den Anfängen der Aktiengesellschaft bis heute erwarten Sie. Wechselnde Ausstellung. Öffnungszeiten:
Dienstag und Mittwoch 9.30–17.00 Uhr.
Baslerstrasse 90, 4600 Olten,Tel. 062 311 66 22.

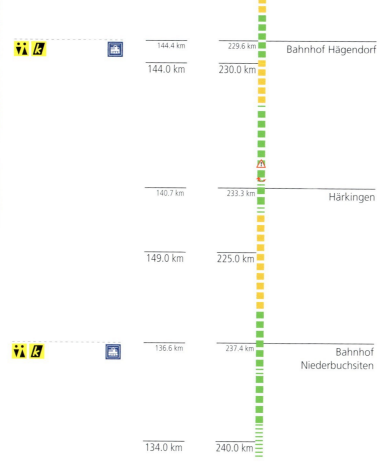

144.4 km	229.6 km	Bahnhof Hägendorf
144.0 km	230.0 km	
140.7 km	233.3 km	Härkingen
149.0 km	225.0 km	
136.6 km	237.4 km	Bahnhof Niederbuchsiten
134.0 km	240.0 km	

Museums-Welten in Olten. Die drei Oltner Museen, das historische Museum, das Naturmuseum und das Kunstmuseum sind bedeutende kulturelle Institutionen der Stadt Olten. Das historische Museum dokumentiert in erster Linie die Geschichte der Region. Die erdgeschichtliche Sammlung des Naturmuseums umfasst Überreste urzeitlicher Tiere aus der Region. Das Kunstmuseum bietet nebst einer Sammlung von Werken des bedeutenden politischen Zeichners Martin Disteli moderne Kunstausstellungen.

Ab Hägendorf Wanderung durch die romantische Tüfelsschlucht bis auf den Allerheiligenberg und Abstieg nach Langenbrugg. Vor der Weiterreise lockt eine rasant teuflische Fahrt mit dem Solarbob auf der Rodelbahn in Langenbrugg (www.solarbob.ch).1000 Meter Rodelspass mitten in der Natur.

Strom erleben und ein **Kernkraftwerk** von innen besichtigen. Eine interessante Besichtigung des Kernkraftwerks Gösgen nach Voranmeldung. Wasserkraftwerke in Niedergösgen und Ruppoldingen bei Boningen.
www.kkg.ch

3 Mittelland Skate

Oensingen
Kesten-holz
Niederbipp
Wangen a.A.
Luterbach
Deitingen
Derendingen

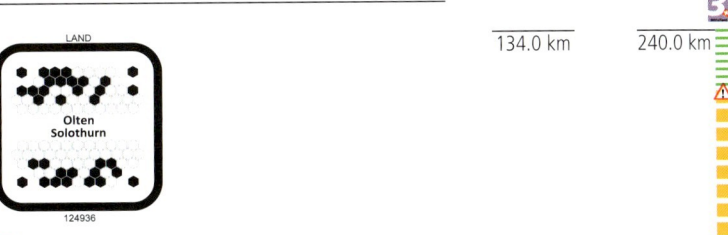

Kestenholz–Derendingen: 20 km
Höhendifferenz: 50 Hm
Schwierigkeitsgrad: leicht–mittel

Sehenswürdigkeiten:
Wangen an der Aare

Schweizer Mittelland Tourismus
Amthausgasse 4
Postfach 169
CH-3000 Bern 7
Tel +41 (0)31 328 12 12
Fax +41 (0)31 328 12 88
info@smit.ch
www.smit.ch

Streckeninformation

3 Mittelland Skate
Eine typische Mittelland-Strecke: Lang gezogene Geraden auf Nebenstrassen und Radwegen, abwechslungsreich. Regelmässige, signalisierte ÖV-Anschlüsse. Gute Belagsqualitäten. In diesem Mittellandabschnitt prägt der Kühlturm des AKW Gösgen das Landschaftsbild.

↑	↓	
134.0 km	240.0 km	
129.6 km	244.4 km	Oensingen
129.0 km	245.0 km	Bahnhof ca. 1 km
126.7 km	247.3 km	Niederbipp

705

Touristinformation

Die Aare dient auf ihrem Lauf durch das Mittelland vor allem der Stromerzeugung. Eine ganze Reihe von Flusskraftwerken sowie das Atomkraftwerk Gösgen prägen das Landschaftsbild entlang dem Fluss und haben auch zur Ansiedlung bedeutender Industrien geführt (Infos für Besichtigungsmöglichkeiten Seite 79). Die Schaffung von Kanälen hat aber auch bewirkt, dass in den Auen zwischen altem Flussbett und Kanal Naturschutzgebiete entstanden sind, die heute einen reizvollen Kontrast zu den Errungenschaften des technischen Zeitalters bilden.

❶ Als Brückenort war **Wangen an der Aare (www.wangen-a-a.ch)** einst ein wichtiger Sta-

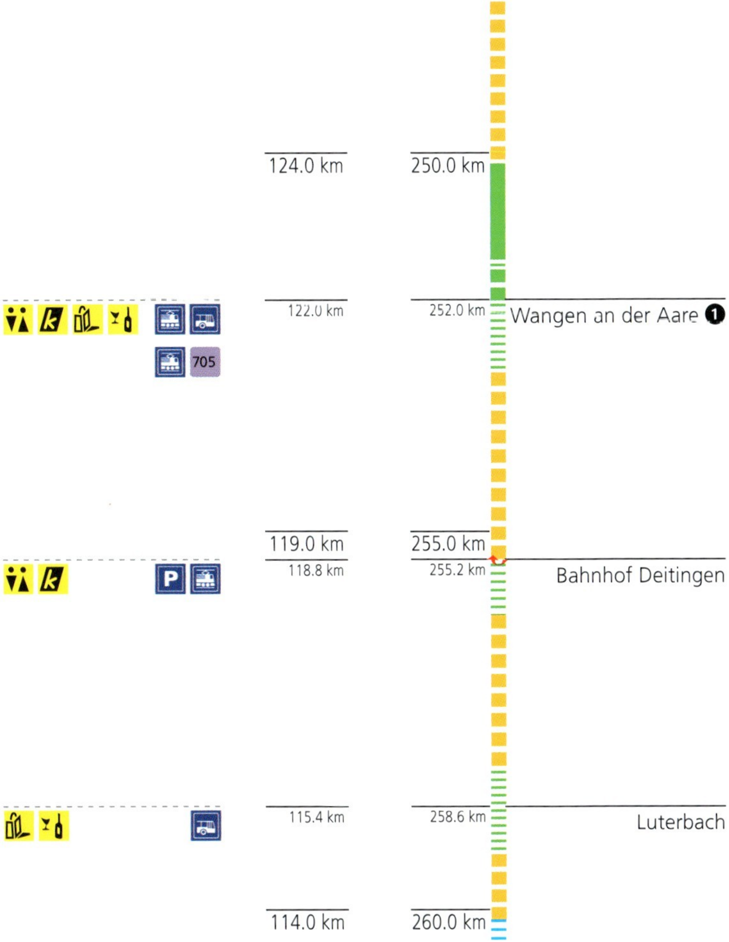

124.0 km	250.0 km			
122.0 km	252.0 km	Wangen an der Aare ❶		705
119.0 km	255.0 km			
118.8 km	255.2 km	Bahnhof Deitingen		P
115.4 km	258.6 km	Luterbach		
114.0 km	260.0 km			

pelplatz für die Handelstransporte zwischen Basel und Bern. Die schmucke mittelalterliche Altstadt mit zwei Stadttoren besitzt eine fast quadratische Grundform. Schloss (13. Jh.), Zeitglockenturm (um 1500) und die gedeckte Holzbrücke (frühes 15. Jh.) gehören zu den Wahrzeichen. In seinem Wappen führt Wangen die Himmelsschlüssel des Apostels Petrus, die vom oberaargauischen Besitz des Klosters St. Peter im Schwarzwald in das Siegel des Stadtvogts zu Wangen und von ihm auf Stadt und Herrschaft übergingen. Erstmals wurde das Wappen 1380 für eine Verkaufsurkunde verwendet.
Eingebettet in seine Ringmauern, schmiegt sich das Städtchen unauffällig, fast bescheiden ans Ufer der ruhig dahinfliessenden Aare, lehnt sich an die Hügel des Gensberges und schaut hinauf zu den Höhen des nahen Juras. Seine Brücken sind Bindeglieder zwischen dem ehemaligen Bipperamt, am Fusse des blauen Berges, und den übrigen Gemeinden des Amtes, die sich bis ins südliche Hügelland der Buchsiberge ausbreiten. Als Hüterin des Aareüberganges und Etappenort der Schifffahrt war der Ort militärischer Stützpunkt und geschütztes Lager- und Handelszentrum des Oberaargaus.

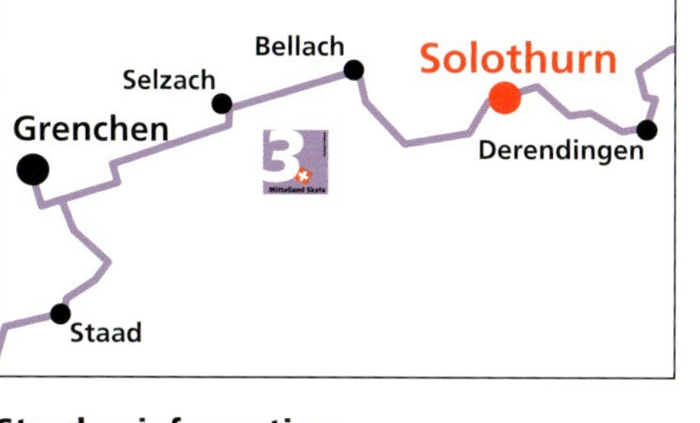

Derendingen–Grenchen: 20 km
Höhendifferenz: 40 Hm
Schwierigkeitsgrad: leicht–schwierig

Sehenswürdigkeiten:
Solothurn I Grenchen

Streckeninformation

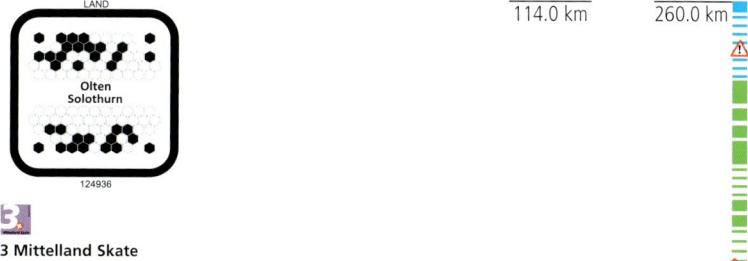

LAND
Olten
Solothurn
124936

3 Mittelland Skate
Eine typische Mittelland-Strecke: Lang gezogene Geraden auf Nebenstrassen und Radwegen, abwechslungsreich.
Regelmässige, signalisierte ÖV-Anschlüsse. Gute Belagsqualitäten. In diesem Mittellandabschnitt prägt der Kühlturm des AKW Gösgen das Landschaftsbild.

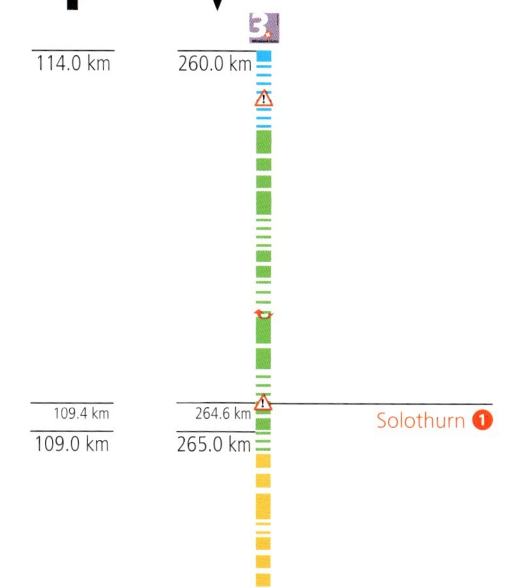

Region Solothurn Tourismus
Hauptgasse 69
CH-4500 Solothurn
Tel +41 (0)32 626 46 46
info@solothurn-city.ch
www.solothurn-city.ch

Touristinformation

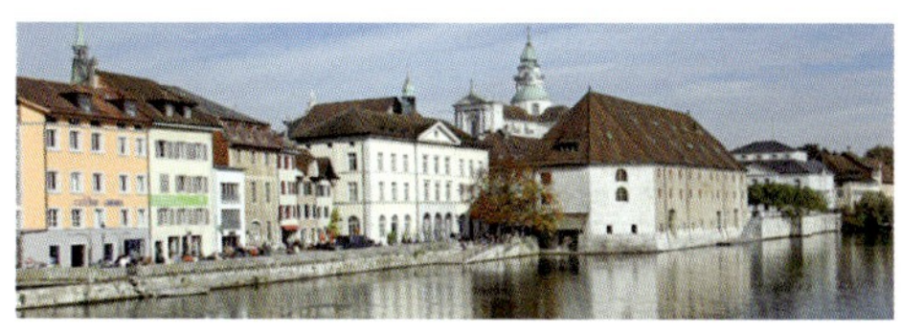

1 Solothurn (www.solothurn-city.ch) ist eine Stadt, bei der die Bezeichnung «klein, aber fein» absolut treffend ist. Die Altstadt zählt zu den schönsten der Schweiz. Der Ruf von Solothurns Kulturangebot reicht zu Recht weit über die Region hinaus. Die renommierten Film- und Literaturtage und das Classic-Open-Air mit Weltklassestimmen begeistern regelmässig ein grosses Publikum.
Die Bischofsstadt Solothurn, am Jurasüdfuss der Aare gelegen, wird unter anderem auch schönste Barockstadt, Ambassadorenstadt und Kulturstadt genannt. Die prachtvolle barocke Architektur hat Solothurn den französischen Ambassadoren zu verdanken, die in Solothurn ihren Sitz in der Eidgenossenschaft hatten. Das Palais Besenval, das

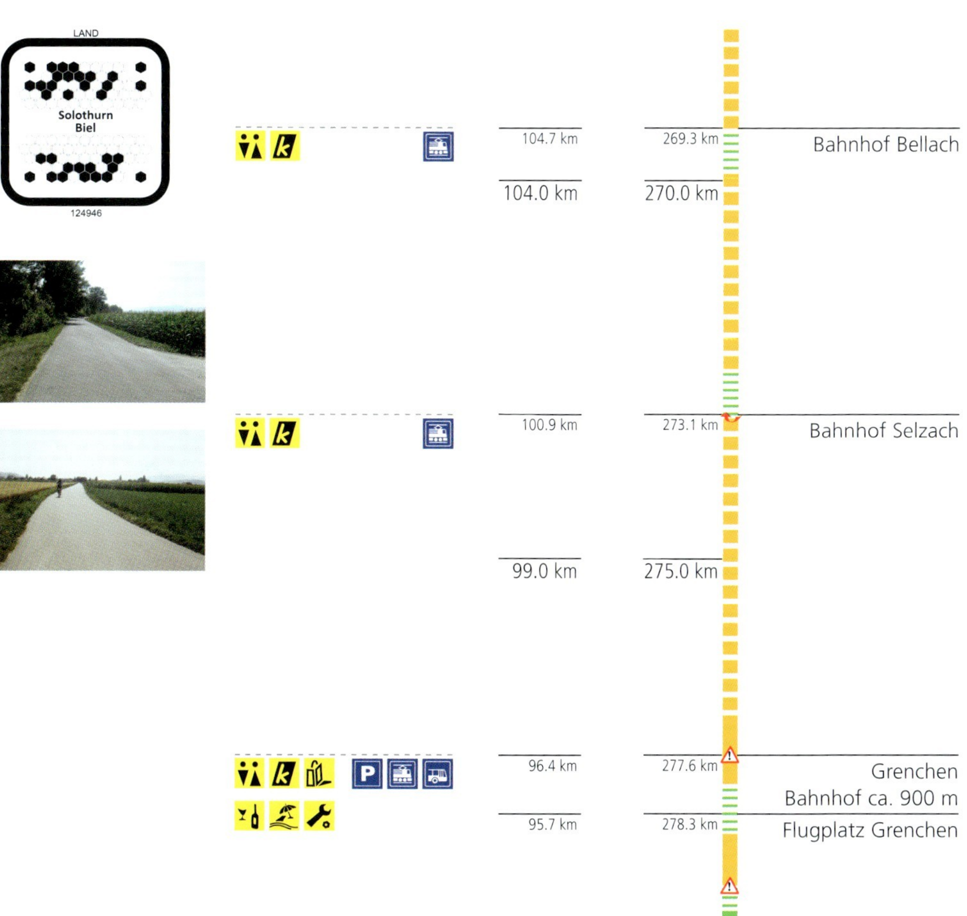

Schloss Waldegg und zahlreiche Bürgerhäuser und Schlösschen wurden nach barockem französischem Vorbild gebaut. Solothurn ist alleine aufgrund ihrer Geschichte und der eindrücklichen historischen Sehenswürdigkeiten einen Besuch und auch eine Stadtführung wert.

Die Gegend um **Grenchen (www.grenchen.ch)** war seit der mittleren Steinzeit Siedlungsraum des Menschen. Der Name Grenchen geht auf die römische Zeit zurück und leitet sich vom lateinischen Wort «Granum» (Korn) ab. Seit dem Mittelalter entstand auf dem Gebiet des im 13. Jahrhundert ausgestorbenen Freiherrengeschlechts von Grenchen (1131 erstmals urkundlich erwähnt) allmählich das grösste Bauerndorf des Kantons. 1393 gelangte das Gebiet unter die Oberhoheit Solothurns. Gegen die solothurnische Herrschaft lehnten sich die Grenchner im 16. und 17. Jahrhundert mehrmals auf.
Im 19. Jahrhundert gewährten die Grenchner politisch Verfolgten wie dem italienischen Freiheitskämpfer Giuseppe Mazzini oder den Brüdern Ruffini Asyl und erregten damit internationales Aufsehen.
Die Einführung der Uhrenindustrie prägt das Bild der Stadt bis heute. 1851 beschlossen die Grenchner, die Uhrenindustrie anzusiedeln. In der Folge entwickelte sich das ehemalige Bauerndorf zu einem prosperierenden Industrieort. Die Uhrenindustrie ist noch heute ein wichtiger Industriezweig Grenchens.

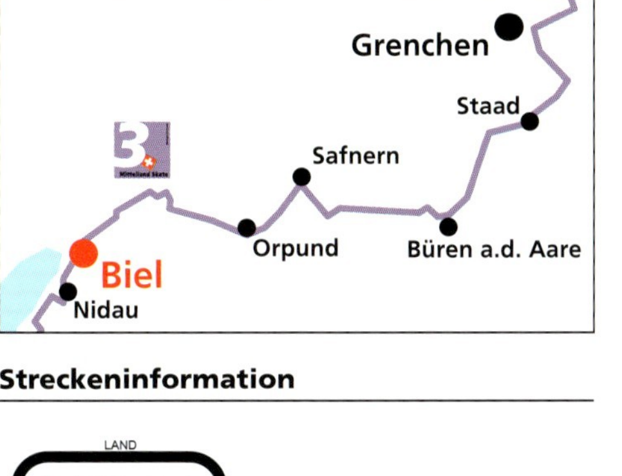

Grenchen–Nidau:	20 km
Höhendifferenz:	40 Hm
Schwierigkeitsgrad:	leicht–mittel

Sehenswürdigkeiten:
Büren an der Aare | Biel

Tourismus Biel Seeland
Zentralstrasse 60
CH-5202 Biel/Bienne
Tel +41 (0)32 329 84 84
Fax +41 (0)32 329 84 85
head@tbsinfo.ch
www.biel-seeland.ch

Streckeninformation

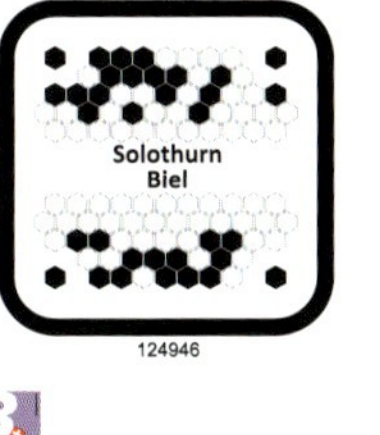

3 Mittelland Skate
Hohes Freizeitpotenzial mit einigen Rastplätzen für Familien. Im Sommer regelmässiger Schiffsverkehr. Somit kurze, einfache Zwischenetappen möglich. Einfache Strecke mit Schiffsverbindungen.

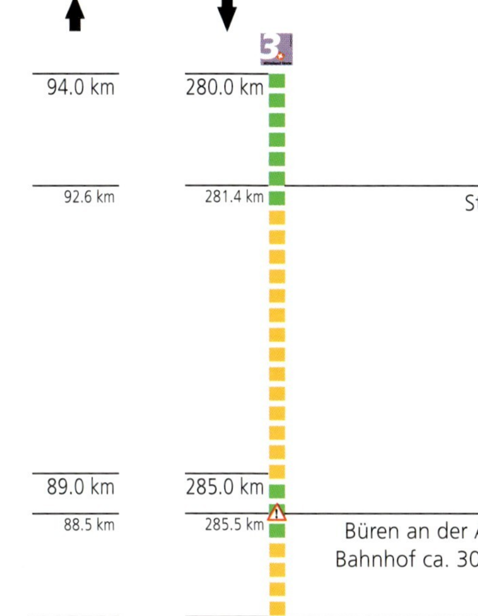

Touristinformation

Der Abschnitt von Grenchen nach Biel ist ein Beispiel für die typische Aarelandschaft. Das ganze Gebiet ist ein lohnendes touristisches Ausflugsziel, welches auch von vielen Skatern besucht wird. Nach dem Unterrhein ist der Aarelauf der einzige mit grösseren Personenschiffen befahrbare Flusslauf der Schweiz. Hier verkehrt während der Saison mehrmals täglich eines der zur Bielersee-Schifffahrtsgesellschaft gehörenden Schiffe zwischen Biel und Solothurn. Die vorgeschlagene Route ist sehr einfach zu bewältigen und bietet gerade für Familien viel Abwechslung und schöne Plätze zum Grillen oder um einfach so zu verweilen.

Büren an der Aare (www.bueren.ch) liegt im Städtedreieck Biel–Solothurn–Bern und ist per Bahn oder Bus erreichbar. Von Frühjahr bis Herbst verkehren regelmässig Kursschiffe der Bielersee-Schifffahrtsgesellschaft (Biel–Solothurn–Biel). Besonders beliebt ist das Städtchen bei Radfahrern und Skatern wegen der wunderbaren Wege ent-

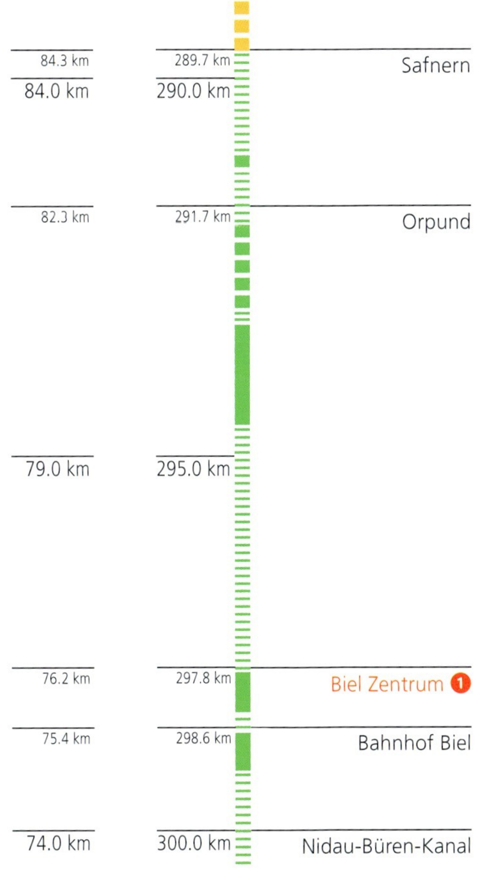

lang der Aare und der autofreien Skaterroute. Die Aare ermöglicht zusätzlich zahlreiche Wassersportarten. Die Altstadt Bürens figuriert als nationales Objekt im Bundesinventar für Kulturgüter. So sind denn auch markante Sehenswürdigkeiten anzutreffen: das Schloss der ehemaligen Landvögte, das Rathaus, die beiden Stadtbrunnen, das Ortsmuseum «Spittel», die Lauben an der Hauptgasse und eine mächtige Holzbrücke, die über den Fluss führt. In wenigen Gehminuten ist die idyllische Alte Mühle erreichbar.

1 Das weite, landschaftlich intakte Seeland und die direkt am See gelegene **Stadt Biel (www.biel-seeland.net)** bilden eine Region, die zum Besuchen und Verweilen einlädt. Der Bielersee mit der St. Petersinsel ist ein zu Fuss und per Schiff erreichbares, gut besuchtes Ausflugsziel. Bei Velofahrern und Skatern sind die Wege durch das landwirtschaftlich genutzte Grosse Moos sehr beliebt (Seite 88). Biel ist die einzige Stadt in der Schweiz, in der Deutsch und Französisch gleichberechtigt nebeneinander gesprochen werden. So sind beispielsweise alle Strassenschilder zweisprachig gehalten. Sie ist eine traditionelle Uhrenmetropole, in der das Schweizer Handwerk noch gepflegt wird.

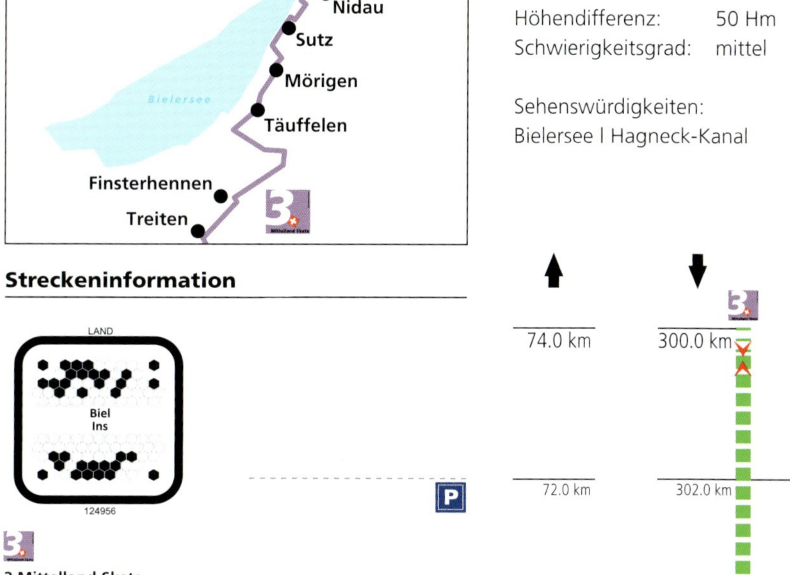

Nidau–Treiten: 20 km
Höhendifferenz: 50 Hm
Schwierigkeitsgrad: mittel

Sehenswürdigkeiten:
Bielersee | Hagneck-Kanal

Streckeninformation

LAND
Biel
Ins
124956

3 Mittelland Skate
Biel bis Täuffelen recht anspruchsvoll. Ungeübte überbrücken mit der Eisenbahn. Ab Hagneck folgt das uneingeschränkte Skatevergnügen mit den Speedstrecken über das Grosse Moos. Zum Fliegen und Abheben! Gemüselehrpfad besuchen!

Ungeübte benutzen den ÖV bis Täuffelen. Das Grosse Moos eignet sich als Trainingsfeld für geübte Skater.

↑	↓	
74.0 km	300.0 km	
72.0 km	302.0 km	Ispach Bahnhof ca. 400 m
70.0 km	304.0 km	Sutz Bahnhof ca. 300 m
69.0 km	305.0 km	704
68.6 km	305.4 km	Lattrigen Bahnhof ca. 300 m
67.5 km	306.5 km	Mörigen Bahnhof ca. 200 m

Touristinformation

Tourismus Biel Seeland
Zentralstrasse 60
Postfach 1741
CH–2501 Biel/Bienne
Tel +41 (0)32 329 84 84
Fax +41 (0)32 329 84 85
head@tbsinfo.ch
www.biel-seeland.net

Der Bielersee bildet eine Grenze zwischen der deutschen und der französischen Schweiz, zwischen der Kalkformation des Juras und der Molasseformation des Mittellandes. Er wird umsäumt von malerischen Weindörfern, Naturschutzgebieten und beliebten Ausflugszielen.

❶ **Der Aare-Hagneck-Kanal** ist eine 8 Kilometer lange Wasserverbindung zwischen Aarberg und dem Bielersee. Die Aare fliesst von Aarberg aus Richtung Norden bei Hagneck in den Bielersee. Der Kanal wurde als Teil der Ersten Juragewässer-

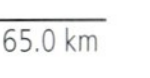

704

104.7 km	269.3 km		Gerolfingen
65.0 km	309.0km		Täuffelen
64.0 km	310.0 km	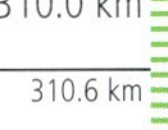	
63.4 km	310.6 km		Stn. Hagneck
60.4 km	313.6 km		Aare-Hagneck-Kanal ❶ Walperswilerbrücke
59.0 km	315.0 km		
56.8 km	317.2 km		Finsterhennen
54.0 km	320.0 km	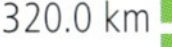	Treiten

korrektion zwischen 1875 und 1878 gebaut. Das erste Wasser floss am 16. August 1878 in den Bielersee. Bei der Mündung der Aare in den Bielersee ist 1900 ein Stauwehr errichtet worden, welches zur Stromerzeugung die 9 Meter Höhenunterschied ausnutzt. Der Kanal wurde ohne Maschinen ausgehoben. Dabei war insbesondere der Durchstich beim Seerücken mit einer Tiefe von 34 Metern sehr arbeitsintensiv. Dabei wurden auch Teile eines älteren Stollens aus der Römerzeit freigelegt, dessen Verwendung aber bisher unklar blieb. Das Aushubvolumen des Kanals beträgt 3.8 Millionen Kubikmeter. Davon wurden aber nur 1.6 Millionen Kubikmeter ausgehoben und für die Uferdämme verwendet. Das restliche Volumen wurde in den folgenden Jahren durch die Aare abgeschwemmt. Erst die Zweite Juragewässerkorrektion 1962–1973 verhindert aber regelmässige Überschwemmungen im Seeland.

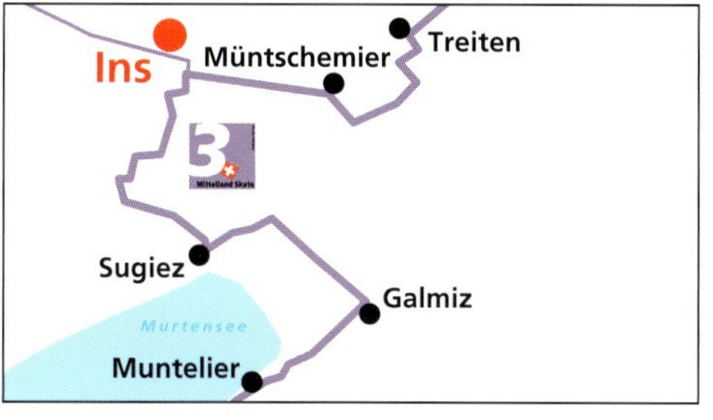

Treiten–Muntelier: 20 km
Höhendifferenz: 80 Hm
Schwierigkeitsgrad: leicht–mittel

Sehenswürdigkeiten:
Das Grosse Moos | Ins

Streckeninformation

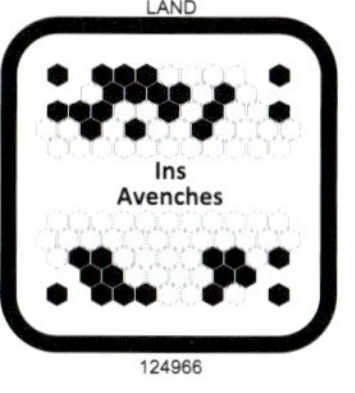

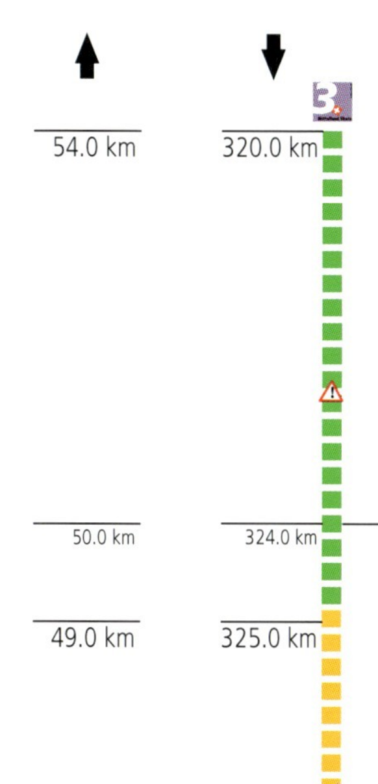

3 Mittelland Skate
Biel bis Täuffelen recht anspruchsvoll. Ungeübte überbrücken mit der Eisenbahn. Ab Hagneck folgt das uneingeschränkte Skatevergnügen mit den Speedstrecken über das Grosse Moos. Zum Fliegen und Abheben! Gemüselehrpfad besuchen!

Der 3 Mittelland Skate trennt sich hier. In Richtung Neuenburg wird auf Seite 94 dargestellt.

Tourismus Biel Seeland
Zentralstrasse 60
Postfach 1741
CH–2501 Biel/Bienne
Tel +41 (0)32 329 84 84
Fax +41 (0)32 329 84 85
head@tbsinfo.ch
www.biel-seeland.net

Touristinformation

Das Grosse Moos! Im Jahr 2002 bildete diese Region die Langsamverkehrs- bzw. HPM-Drehscheibe des gesamten Drei-Seen-Landes. Das Grosse Moos ist nicht nur eines der schönsten Skategebiete, sondern es ist auch das grösste Gemüseanbaugebiet der Schweiz, entstanden aufgrund der verschiedenen Juragewässerkorrekturen im 19. und 20. Jahrhundert. Parallel dazu ist natürlich auch ein gewaltiges Wegnetz entstanden. Dank der schweren Landwirtschaftsmaschinen ist der grösste Teil der Bewirtschaftungswege mit Asphaltbelag versehen, die ein beinahe unendliches Skatevergnügen ermöglichen. Die Wege werden beidseitig gesäumt vom wichtigsten Exportgut dieser Region – dem Gemüse.

Ungeübte benutzen den ÖV bis Täuffelen. Das Grosse Moos eignet sich als Trainingsfeld für ungeübte Skater.

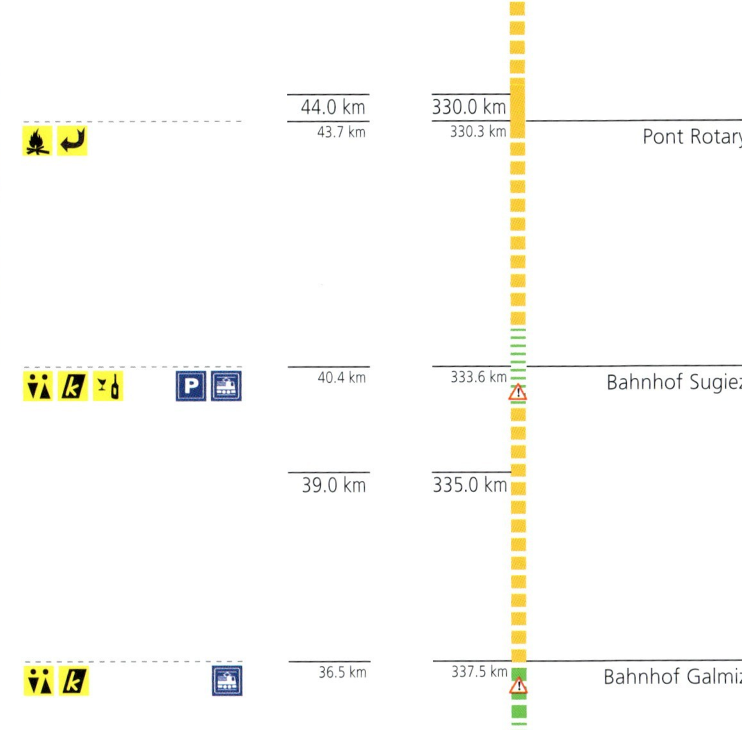

Welch geschichtsträchtiger Rundkurs der neuesten Zeit! Hier befindet sich eines der Filetstücke des Expo.02-HPM-Projektes. Da ist auf der einen Seite der bezaubernde französische Charme der Seepromenade von Neuenburg in Richtung St-Blaise und nach der Sprachgrenze das erdverbundene, bodenständige Seeland mit dem weiten Grossen Moos, das aus den Bildern von Albert Anker stammen könnte. Und genau hier, über dem Broye-Kanal, spannt sich das Herzstück des Expo.02-Projektes, die elegante Holzbogenbrücke «Pont Rotary». Diese Brücke ist nicht nur ein Symbol des Langsamverkehrs, welches ohne Expo.02 wohl nicht möglich gewesen wäre, sondern auch ein wichtiger Beitrag zur Verbindung zwischen der Westschweiz und dem deutschsprachigen Seeland.

1 Im Berner Seeland, im Dorfe **Ins (www.ins.ch)**, steht leicht von der Strasse zurückversetzt und erhöht ein stattliches Bauernhaus mit breit ausladendem, tief hinuntergezogenem Ziegeldach. Hier wurde Albert Anker am 1. April 1831 geboren, verbrachte ebenda den grössten Teil seines Lebens und verstarb 1910 im Alter von 79 Jahren. Heute ist hier ein Museum über den berühmten Schweizer Maler eingerichtet (www.albert-anker.ch).
Ob der Dorfname vom römischen Personennamen Anicius, Hufschmied, oder vom gallischen Wort annas, am Sumpfgelände, stammt, ist unbekannt. Heute heisst Ins mundartlich Eiss, französisch Anet.

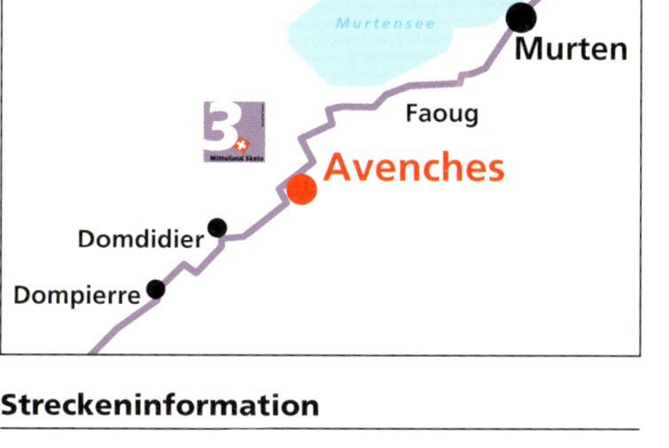

Muntelier–Dompierre:	20 km
Höhendifferenz:	60 Hm
Schwierigkeitsgrad:	mittel–schwierig

Sehenswürdigkeiten:
Murten I Avenches

Union fribourgeoise du Tourisme
Route de la Glâne 107
Case postale 1560
CH-1701 Fribourg
Tel +41 (0)26 407 70 20
uft.ftv@fribourgregion.ch
www.fribourgregion.ch

Streckeninformation

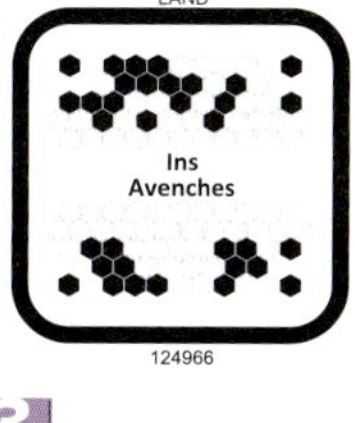

3 Mittelland Skate
Eine Kulturetappe mit einer anspruchsvoller Linienführung. Der Weg führt über das HPM-Expo.02-Denkmal, die elegante Rotarybrücke, welche die Deutsch- mit der Westschweiz verbindet. In Murten unbedingt Skates ausziehen und in die Altstadt hochsteigen. Dasselbe gilt für Avenches. Anspruchsvoller Streckenabschnitt.

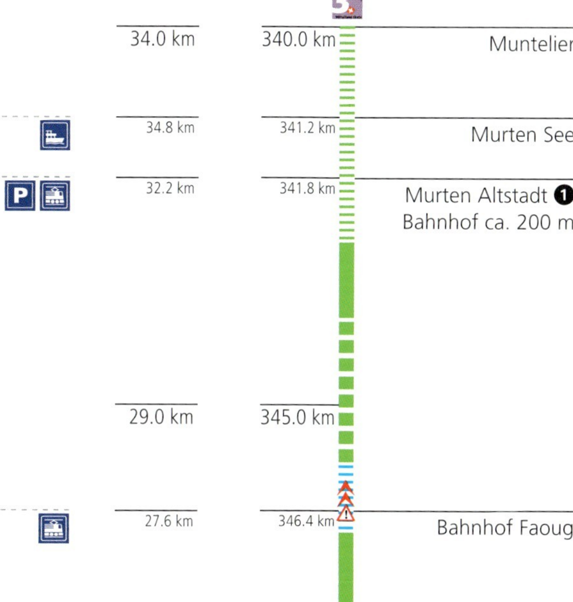

Touristinformation

1 Murten (www.murtentourismus.ch). Sobald man dieses durch eine Ringmauer geschützte Städtchen betritt, befindet man sich in einer ruhigen Mittelmeeratmosphäre. Karl der Kühne belagerte das mittelalterliche Zähringer-Städtchen und musste 1476 eine bittere Niederlage einstecken, die im Museum Murten dokumentiert wird. Der Murtensee, auf dem die Routen der Drei-Seen-Schifffahrt durchführen, bietet nebst einer schönen Seepromenade auch vielerlei Wassersportmöglichkeiten. In den Restaurants mit Terrassen geniesst man die Aussicht zum See und zum gegenüberliegenden Mont Vully. Murten ist auch ein Rad-, Skate- und Wanderparadies. Sportler und auch Familien schätzen und geniessen die abwechslungsreiche Region.

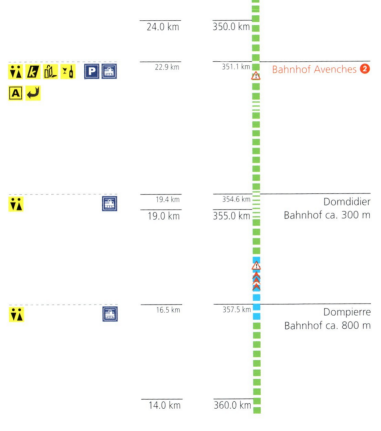

24.0 km	350.0 km		
22.9 km	351.1 km	Bahnhof Avenches ❷	
19.4 km	354.6 km	Domdidier	
19.0 km	355.0 km	Bahnhof ca. 300 m	
16.5 km	357.5 km	Dompierre Bahnhof ca. 800 m	
14.0 km	360.0 km		

Hier gibts für alle etwas: 170 km Radwege rund um den See oder im Grossen Moos, 90 km ausgeschilderte Skate-Wege zwischen den Städten des Drei-Seen-Landes, Lehrpfade auf dem Mont Vully und vieles mehr.

❷ Eine historische Stätte von nationaler Bedeutung: **Avenches (www.avenches.ch)**. Die ehemalige Hauptstadt des römischen Helvetiens zählte zu Beginn unserer Zeitrechnung rund 20000 Einwohner. Die einstige Römerstadt Aventicum bietet den heutigen Besucherinnen und Besuchern zahlreiche eindrucksvolle Denkmäler wie das Amphitheater mit seiner Arena, auf deren Bühne grossartige Schauspiele aufgeführt werden, das Theater und die «Cigognier»-Säule sowie das Osttor und den Tornallaz-Turm. Das Römermuseum von Avenches, untergebracht in einem mittelalterlichen Turm, der Teil der Umfassungsmauer des Amphitheaters ist, birgt eine wertvolle Sammlung von gallorömischen Objekten, darunter die berühmte Büste des Kaisers Marc Aurel. Vor der prächtigen Kulisse der römischen Arena finden jeden Sommer kulturelle Anlässe statt, die weit herum bekannt sind und beachtet werden. Das 1995 ins Leben gerufene Opernfestival hat sich zu einem der wichtigsten Kulturevents der Schweiz entwickelt und zieht jedes Jahr an die 50000 Zuschauerinnen und Zuschauer an, die sich vom hohen Niveau der gezeigten Werke und von der Magie dieser einzigartigen Stätte mitreissen und begeistern lassen.

Neuenburgersee
Estavayer-le-Lac
Domdidier
Dompierre
Bussy
Corcelles
Payerne

Dompierre–Estavayer-le-Lac: 16 km
Höhendifferenz: 100 Hm
Schwierigkeitsgrad: mittel–schwierig

Sehenswürdigkeiten:
Estavayer-le-Lac | Gletterens

Union fribourgeoise du Tourisme
Route de la Glâne 107
Case postale 1560
CH-1701 Fribourg
Tel +41 (0)26 407 70 20
uft.ftv@fribourgregion.ch
www.fribourgregion.ch

Streckeninformation

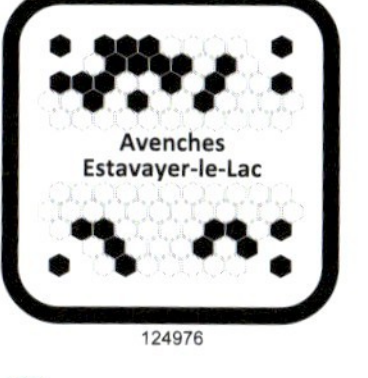

3 Mittelland Skate

Bis Payerne gibt es zwei «giftige» Abfahrten. Skates ausziehen empfehlenswert. Nach Payerne führt die Etappe über die Höhe von Sévaz nach Estavayer hinunter.
Die Etappe erfordert Geschick. Gute Skatetechnik von Vorteil. Allenfalls kurze Fussstrecken einbauen. Anspruchsvoller Streckenabschnitt.

↑	↓	
14.0 km	360.0 km	
12.4 km	361.6 km	Corcelles
11.8 km	362.2 km	Bahnhof Corcelles
10.2 km	363.8 km	Bahnhof Payerne
9.0 km	365.0 km	

Touristinformation

1 Estavayer-le-Lac (www.nature-vivante.ch) hat sich als Wassersport- und vor allem Wakeboardzentrum einen Namen gemacht, hat aber daneben noch mehr zu bieten: eine mittelalterliche Altstadt. Tore, malerische Häuser und extrem schmale Gassen bestimmen das Bild der Rosenstadt. Herausragend sind das Schloss Chenaux und die Stiftskirche St-Laurent (14. Jh.). Eine Kuriosität ist das Fröschemuseum mit einer bizarren Ausstellung naturalisierter Frösche in Alltagssituationen aus dem menschlichen Leben. Das Froschmuseum (www.museedesgrenouilles.ch) zeigt eine weltweit einmalige Sammlung von 108 ausgestopften Fröschen: Die Sammlung zeigt eine satirische Sicht auf das tägliche Leben um 1850.

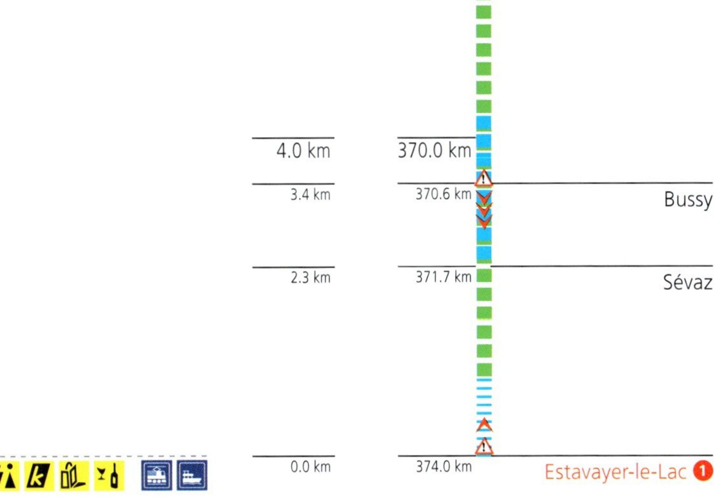

Anhand von Objekten und Waffen aus der Bronze- und Pfahlbauerzeit zeichnet das Museum die Geschichte und Folklore dieser Region nach. Es besitzt auch eine umfangreiche Sammlung von Laternen und Signalschildern der Schweizer Eisenbahn von 1880 bis heute.

Bei einem Besuch des Römermuseums Vallon, des Pfahlbaudorfs von **Gletterens (www.village-lacustre.ch)** und der mittelalterlichen Stadt Estavayer-le-Lac kann man die Kulturen entdecken, die diese Region mitgestaltet haben. In diesem nachgebildeten Pfahlbaudorf taucht man in die Steinzeit ein. Bei Vorführungen und Workshops lernt man die Lebensweise unserer Vorfahren kennen. Das Pfahlbaudorf in Gletterens organisiert zahlreiche Veranstaltungen und Workshops rund um die Frühgeschichte und die Lebensweise der ersten Bauern, welche am Ufer des Neuenburgersees siedelten (4500–800 v. Chr.).
Dabei entdeckt man handwerkliche Techniken aus der Frühzeit: Besucher können ein Steinzeitmesser, einen Schmuckanhänger oder eine Lampe aus der Altsteinzeit schmieden, den Zauber des Feuermachens erleben, ihr Jagdtalent beim Schleudern des Speers unter Beweis stellen oder eine Steinzeitmahlzeit geniessen.

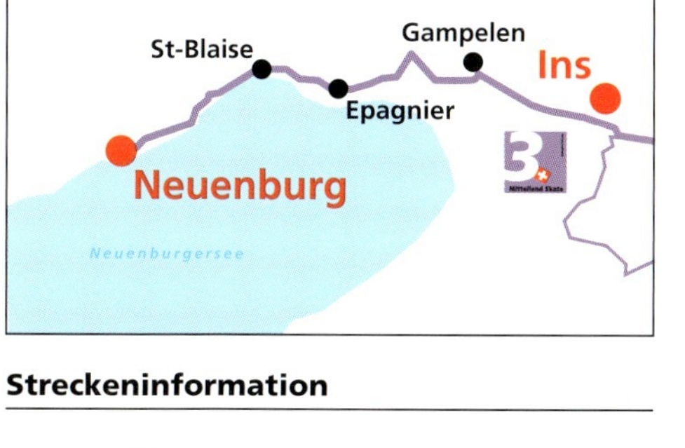

Ins–Neuenburg: 20 km
Höhendifferenz: 50 Hm
Schwierigkeitsgrad: leicht–mittel

Sehenswürdigkeiten:
Neuenburg | Centre Dürrenmatt

Streckeninformation

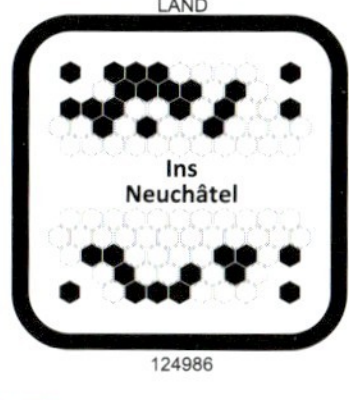

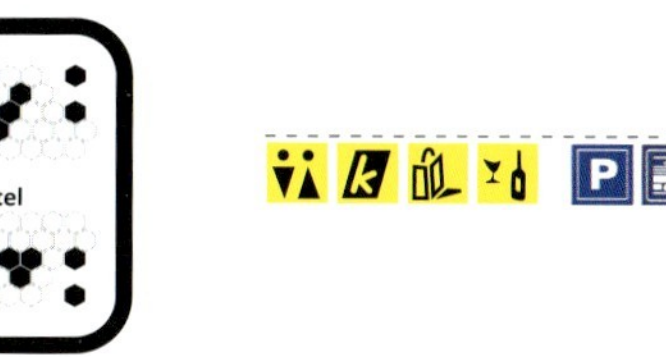

3 Mittelland Skate
An Gampelen und der Zielbrücke vorbei biegt die Etappe an die Gestade des Neuenburgersees ab. Zwischen St-Blaise und Neuenburg attraktive Flaniermeile ganz nach dem Motto «Sehen und gesehen werden!». Achtung Fussgänger und Radfahrer. Attraktive Etappe.

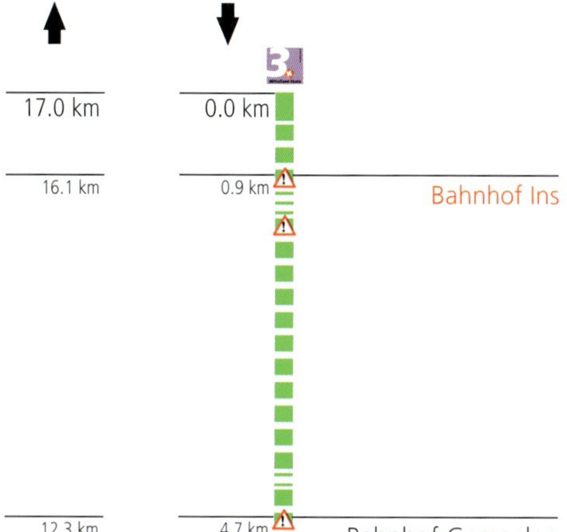

Tourisme Neuchâtelois
Hôtel des Postes
Case postale 3176
CH-2001 Neuchâtel
Tel +41 (0)32 889 68 90
Fax +41 (0)32 889 62 69
info@ne.ch
www.neuchateltourisme.ch

Touristinformation

1 Am grössten ganz auf Schweizer Boden gelegenen See erfreut sich die Stadt **Neuenburg (www.neuchateltourisme.ch)** einer bevorzugten Hanglage zwischen Seepromenaden und Aussichtsberg Chaumont, der mit einer Seilbahn erschlossen ist. Das Stadtbild wird geprägt durch den gelben Jurakalk, aus dem die historischen Gebäude sowie viele Wohnhäuser gebaut sind. Die Kantonshauptstadt ist Sitz einer Universität. Zu den Sehenswürdigkeiten zählen das Musée d'Art et Histoire (mit umfassender Sammlung der Schweizer Malerei im 19. Jh.), das Hôtel du Peyrou (Herrenhaus), die malerische Altstadt mit Rathaus, beachtenswerte Brunnen, Stiftskirche und Schloss. Eine Hauptattraktion von Neuenburg ist natürlich der See, dank

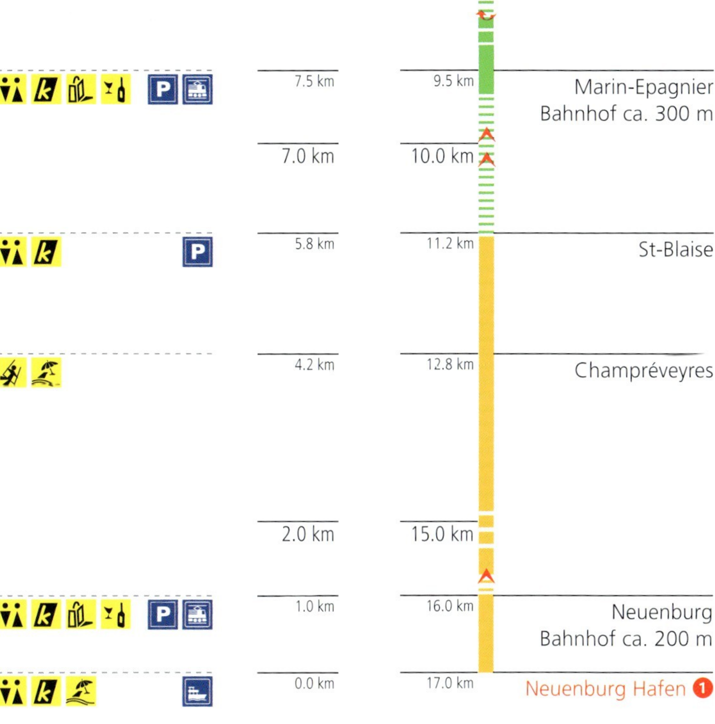

Zihl- und Broyekanal für die Schifffahrt mit dem Bieler- und Murtensee verbunden, fischreich, am Nordufer von lieblichen Rebbergen und am Südufer von der «Camargue der Schweiz» umrahmt. Ein «Muss» für alle Freunde der modernen Schweizer Literatur ist das Museum zu Ehren von Friedrich Dürrenmatt. Das von Mario Botta konstruierte **Centre Dürrenmatt (www.cdn.ch)** bietet eine Ausstellungsumgebung, die sich sowohl der Literatur wie auch der bildenden Kunst annimmt. Zur Belebung des Ortes tragen zudem verschiedenste zeitgenössische Konzerte, Konferenzen und Podiumsgespräche bei, bei denen der Geist Dürrenmatts stets mitschwingt.

Und zur Abrundung des Mittelland Skates noch dies: Panorama-Standseilbahn La Coudre / Chaumont. Auf den Chaumont, den Neuenburger Hausberg, führt die einzige **Jura-Panorama-Standseilbahn (www.tn-neuchatel.ch)**.
Nur 5 Minuten vom Stadtzentrum entfernt, befördert sie den Gast nach einer originellen Kurzreise bei bis zu 46% Steigung in ein völlig neues Umfeld. Am Ziel, nach Besteigen des Aussichtsturms, geniesst man einen atemberaubenden Blick auf das Drei-Seen-Land, tief ins Mittelland und die Alpen.

Die Originale!
www.swiss-skate-map.ch
DIE FACHKOMPETENZ AUS ERSTER HAND,
WENN ES UMS SKATEN GEHT!
SKATEMAPS SCHWEIZ Basel
SKATEMAPS SCHWEIZ Bodensee
SKATEMAPS SCHWEIZ Thurgau/St. Gallen
SKATEMAPS SCHWEIZ Drei-Seen-Land
SKATEMAPS SCHWEIZ Bern
SKATEMAPS SCHWEIZ Untersee und Rhein
SKATEPLAUSCH SCHWEIZ
SKATEMAPS SCHWEIZ Heidiland
SKATEMAPS SCHWEIZ Zentralschweiz
SKATEMAPS St. Galler Rheintal
SKATEMAPS SCHWEIZ Zürcher Unterland
SKATEMAPS SCHWEIZ Zürcher Oberland
Freizeitkarte Ostschweiz
Mountainbike Karte
Wanderkarte Appenzellerland
Auch im Buchhandel erhältlich.

FINDE DEN UNTERSCHIED!

EnergieSchweiz

Wer beim Kaufen und Investieren auf Energieeffizienz achtet, schont die Umwelt und spart Jahr für Jahr bei den Betriebskosten. Das gibt mit der Zeit eine schöne Stange Geld für die schönen Dinge des Lebens.

Das Programm für Energieeffizienz und erneuerbare Energien. www.energie-schweiz.ch

ROLLERBLADE
www.rollerblade.com
CROSSFIRE_4.0 | ACTIVA_4.0
BIETET EXZELLENTE PERFORMANCE, SPEZIELL ENTWICKELT FÜR MAXIMALEN KOMFORT UND EINFACHE HANDHABUNG DURCH DAS TFS VERSCHLUSSSYSTEM. REAKTIV UND WENDIG DURCH SUPERLEICHTE ALUMINIUMSCHIENE IN VERBINDUNG MIT 84MM ROLLEN
SINCE 1980
ZanOn&partners | ph. Madphoto

Kostenlose Antwortkarte

Liebe Gäste

Es freut uns, wenn Sie sich einen Augenblick Zeit nehmen und uns Ihre guten oder schlechten Erfahrungen zu Ihrer Reise auf den Routen von SchweizMobil auf der Rückseite dieser Antwortkarte mitteilen.

Uns interessieren vor allem Ihre Erfahrungen zu den Routen und zu ihrer Vernetzung mit dem öffentlichen Verkehr, zur Wegweisung, zur Beherbergung, zu den Mietfahrzeugen, zu den Routenführern und zu den Informationen im Internet.

Ihre Erfahrungen sind uns wichtig für die Verbesserung von SchweizMobil. Sie werden an die jeweils zuständigen Stellen weiter geleitet.

Anstelle dieser Antwortkarte können Sie auch das Feedback-Formular auf www.schweizmobil.ch nutzen.

Wir danken Ihnen.
Ihre Stiftung SchweizMobil

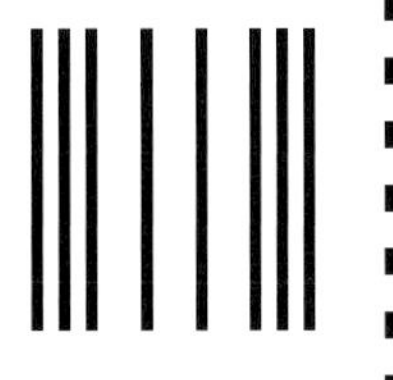

Nicht frankieren
Ne pas affranchir
Non affrancare

Geschäftsantwortsendung Invio commerciale-risposta
Envoi commercial-réponse

Stiftung SchweizMobil
Postfach 8275
3001 Bern

Kostenlose Antwortkarte

Wo waren sie Unterwegs?

Wanderland ☐ Veloland ☐ Mountainbikeland ☐ Skatingland ☐ Kanuland ☐

Welches waren Ihre Erfahrungen?